Títulos relacionados

URIDAD, HIGIENE Y TECCIÓN BIENTAL EN HOSTELERÍA

)R:
JNDO RIESCO RODRÍGUEZ

: 978-84-283-3340-5

ATENCIÓN AL CLIENTE EN EL PROCESO COMERCIAL

AUTORA:
SOLEDAD CARRASCO FERNÁNDEZ
COORDINADOR:
ÓSCAR SÁNCHEZ ESTELLA

ISBN: 978-84-283-3357-3

GESTIÓN DE PROTOCOLO

AUTORA:
CRISTINA CABERO SOTO

ISBN: 978-84-283-1082-6

Organización de reuniones y eventos

Autora: Cristina Cabero Soto

Autor: © Cristina Cabero Soto
Diseño y maquetación: Ediciones Nobel, S. A.

ISBN: 9788428333412
Depósito legal: M-27362-2012
Impresión: Cimapress

Impreso en España

Con las titulaciones de Experta y Especialista en Protocolo y Ceremonial del Estado e Internacional por la Universidad de Oviedo y la Escuela Diplomática del Ministerio de AA. EE. y estudios de Grado en Lengua y Literatura española, Cristina Cabero Soto domina siete idiomas y a lo largo de su carrera profesional ha trabajado como organizadora y jefa de protocolo en numerosos eventos de carácter nacional e internacional, así como de asistente de dirección y relaciones públicas en diferentes empresas y hoteles.

En la actualidad compagina su trabajo como intérprete de negocios y asesora de protocolo a empresas con la investigación sobre la presencia del Protocolo y Ceremonial en la Literatura Española del Siglo de Oro.

Índice

1. ORGANIZACIÓN DE REUNIONES

Introducción

En el mundo de la empresa, la organización de las reuniones es una de las tareas que realiza con mayor frecuencia el asistente de dirección. La celebración de reuniones responde a una doble exigencia: en unos casos es obligatoria porque está prevista en el marco legal que regula la empresa y en otros responde a la propia cultura empresarial de la organización. Puesto que este tipo de encuentros se celebran por motivos muy variados, existen diferentes tipos de reuniones: de ventas, de información, de formación, juntas de accionistas, etc., aunque todas ellas tienen un factor común: **su organización**.

Gestionar la logística de una reunión es una tarea sencilla siempre y cuando tengamos muy claros los pasos que debemos seguir para poder actuar con soltura y seguridad ante cualquier imprevisto. Para ello es recomendable tener a mano un «kit de emergencias» , o lo que es lo mismo, tener diferentes listados de necesidades según el tipo de reunión, puesto que nos servirán para organizar una reunión inesperada, sin ningún tipo de problemas.

Es evidente que no es responsabilidad del asistente de dirección el decidir qué temas se van a tratar en la reunión ni ocuparse de su desarrollo. No obstante, puede suceder que el jefe requiera nuestra colaboración para concretar los temas que se vayan a tratar e incluso nos pida asesoramiento en la selección de los participantes. Por ello, es preciso que conozcamos todos los entresijos de la organización y los elementos que conforman las reuniones —participantes, logística, documentación específica, etc.—.

Asimismo, uno de los aspectos más característicos del puesto de asistente de dirección es su alto grado de *transectorialidad*, entendiendo el término como el desarrollo de nuestra actividad en diferentes áreas laborales, tales como la Administración, la empresa pública y privada, las instituciones, asociaciones, etc.

Caso práctico: al finalizar la reunión semanal del departamento, el jefe ha salido de viaje, pero, de forma inesperada, ha surgido un problema. Cuando el jefe proponga el orden del día para la siguiente reunión, será nuestra misión recordarle este problema con el fin de incluirlo como punto importante que se deberá tratar en la reunión y también deberíamos pensar en una persona experta en la materia, para sugerirle su asistencia.

Definición

Tenemos que empezar por buscar una definición básica para el concepto «reunión de trabajo»: se trata de un grupo de personas de perfil profesional homogéneo que mantienen un encuentro para tratar uno o varios temas, con el fin de examinarlos, debatirlos, llegar a conclusiones y tomar decisiones. Ahora bien, si todos tenemos claro que las reuniones son una de las actividades más comunes en las empresas, porque en ellas se unifican criterios y se fijan objetivos ¿por qué se ha generalizado la sensación entre directivos y empleados de que son «ladrones de tiempo». La respuesta es sencilla: a causa de una mala gestión.

Pautas para conseguir la máxima eficacia de una reunión

- Asegurarnos de que su celebración es indispensable.
- Tener claro el objetivo a la hora de convocar la reunión.
- Dar a conocer el orden del día y la duración de la reunión a los participantes.
- Asegurarnos de la correcta elección de los participantes.
- Hacer una correcta elección de fecha y lugar de celebración apropiados.
- Llevar preparada la reunión e incitar a los demás a hacer lo mismo.
- Ser puntual tanto para comenzar como para terminar.
- Al comienzo de la reunión, recordar los objetivos, el orden del día y el horario previsto.
- No permitir interrupciones, por atender llamadas del exterior, por ejemplo.
- Demostración de liderazgo por parte del moderador.
- Conseguir la coordinación del grupo.
- Llegar a acuerdos y conclusiones al final de la reunión.
- Hacer un resumen de todo lo acordado.
- Realizar un seguimiento posterior a la reunión sobre las decisiones acordadas.
- Hacer la evaluación final de la reunión con el fin de mejorar los puntos débiles.
- Por último, no olvidemos que una reunión es eficaz cuando la inversión que hacemos en ella es productiva, tanto en términos materiales como humanos.

1.1. Tipos de reuniones

Existen numerosas clases de reuniones —de negociación, de información, formales, de formación, para solucionar problemas...— que suelen clasificarse atendiendo a diferentes aspectos tales como: su temática, el número de participantes, la finalidad, el canal, su periodicidad, etc. Conozcámoslas en detalle:

1.1.1. Reuniones de información. Se trata de una las modalidades de reunión más frecuentes. Tal como su nombre indica, **su objetivo es transmitir o recibir información sobre uno o varios temas**. Para alcanzar la máxima eficacia en estas reuniones, los participantes deben captar el mensaje en su totalidad, por lo que el lenguaje empleado por el moderador en su parlamento ha de ser claro y conciso. Se sugiere además, como soporte de ayuda, la entrega de un resumen sobre los puntos clave del tema o temas que se vayan a tratar. Las reuniones de información, a su vez, se clasifican en horizontales y verticales, pudiendo ser estas últimas ascendentes o descendentes:

✓ **Ascendentes:** en estas reuniones la información circula de abajo arriba, es decir, los empleados aportan información a los superiores jerárquicos. La finalidad de estas reuniones es la de recabar información, diferentes opiniones o sugerencias sobre un tema, por lo que los participantes actúan como «proveedores de datos». En este caso, pues, es muy importante que el moderador anime y fomente la colaboración de los asistentes, con el fin de conseguir la mayor información posible. Asimismo, este tipo de reuniones también se celebra cuando se desea solventar un problema, por lo que, en este caso, el OBJETIVO es el de buscar en el grupo diversas informaciones o sugerencias con el fin de atajar dicho problema.

Caso práctico. La plantilla de fabricación detecta un fallo en la cadena de montaje, por lo que necesitan reunirse con el jefe del departamento correspondiente, con el fin de comunicar el problema y buscar soluciones para atajarlo. En este caso cada trabajador expone sus sugerencias, actuando como proveedor de datos.

✓ **Descendentes:** en estas reuniones los superiores jerárquicos transmiten información a sus empleados en una sola línea —de arriba abajo—, siendo el contenido de esta información de lo más variado, como por ejemplo, comunicar una decisión adoptada por la dirección respecto a un tema concreto o dar a conocer datos sobre de cualquier índole. Los empleados no pueden intervenir en la elaboración previa de la información ni tienen potestad para tomar decisiones. Lo habitual en estas reuniones es que los participantes no puedan intervenir para expresar sus opiniones, si bien en algunas ocasiones sí se establece un turno de ruegos y preguntas con el fin de pedir explicaciones suplementarias para aclarar dudas y así asegurarse de que han recibido correctamente la información.

Caso práctico: el jefe del departamento de RRHH de la empresa ha convocado a toda la plantilla del taller para comunicarles el malestar que hay en dirección, debido al descenso de la productividad a causa de que no se respetan los horarios de descanso —se alargan innecesariamente y se sale a fumar muy a menudo—. Se les comunica que a partir de ahora todos los trabajadores deberán fichar al inicio y al final de sus descansos.

Sin embargo, sí que existe un tipo de reuniones descendentes donde el establecimiento de un diálogo entre las partes implicadas es fundamental: se trata de las convocadas con el fin de atajar rumores o informaciones falsas surgidos en torno a la organización.

✓ **Horizontales**. En este tipo de reuniones la información circula entre personas que actúan en situación de igualdad entre sí, es decir, sin que existan jerarquías entre ellos, creando un clima de confianza mutua y favoreciendo el intercambio entre los participantes. La Administración Pública nos da un ejemplo muy clarificador de dos tipos de reuniones que responden a esta estructura: por un lado la comisión de trabajo y por otro, el grupo de decisión:

- **Comisión de trabajo**: una vez a la semana y bajo la presidencia del secretario del consejero de Presidencia, se reúnen los Secretarios Generales de todas las Consejerías para dar conocimiento de los temas cuya aprobación se va a someter al Consejo de Gobierno. La documentación se ha de presentar por duplicado y consta de: propuesta, informes fiscal y jurídico favorables y acuerdo redactado según modelo establecido. Un ejemplar queda en poder del secretario del Consejo de Gobierno y el otro se entregará a *posteriori* al Consejero. El texto de los acuerdos se envía por correo electrónico al departamento de actas del Consejo de Gobierno con el fin de evitar errores en la transcripción de los acuerdos.
- **Grupo de decisión**: el Consejo de Gobierno, formado por todos los consejeros, debaten una a una las propuestas de cada consejería dando su aprobación o no a las mismas. Cada consejero

explica sus asuntos y el Consejo toma la decisión de modo colegiado. Al final de la reunión el Presidente y el consejero correspondiente firman el acuerdo en caso de que éste haya sido aprobado.

1.1.2. Ordinarias. Siguiendo el criterio de la periodicidad, las reuniones ordinarias son las que se celebran habitualmente y tienen un orden del día programado antes de su celebración.

1.1.3. Extraordinarias. También catalogadas bajo el criterio de la periodicidad, son reuniones mucho más importantes que las ordinarias en cuanto al alcance de las decisiones que se deben adoptar y al número de asistentes.

1.1.4. Reuniones formales. Este tipo de reuniones están perfectamente estructuradas y se organizan según marca el procedimiento establecido, atendiendo las fases de: planificación, preparación, desarrollo y evaluación. Un buen ejemplo de este tipo de reuniones sería una Junta General de Accionistas, un Consejo de Administración, etc.

1.1.5. Reuniones «medias». En lo referente al grado de organización, existen otro tipo de reuniones que no requieren una estructura tan estricta y que podríamos denominar **medias**, como por ejemplo: los grupos de calidad, los comités de empresa, las reuniones de ventas, etc.

- ✓ **Grupos de calidad**. Están formados por un número reducido de trabajadores de la misma área laboral que se reúnen de forma voluntaria para determinar posibles problemas surgidos en torno a su trabajo. La finalidad de estas reuniones es la de buscar métodos para atajar estos problemas, analizar el alcance de la implantación de dichos métodos y recomendar soluciones a la dirección. La logística de estas reuniones no requiere mayores preparativos que la reserva y chequeo previo de la sala. Su duración es corta —a ser posible, que no sobrepasen la hora— y pueden ser permanentes o temporales.

- ✓ **Comité de empresa**. Grupo de personas constituido por los representantes de los trabajadores de una empresa que se encargan de defender los intereses de éstos y son elegidos mediante votación cada 4 años, según las listas electorales presentadas (casas sindicales e independientes). La periodicidad de sus reuniones no está reglada, ya que depende de las necesidades que tanto la empresa como los trabajadores tengan de llegar a un consenso en caso de conflicto, interpretación o negociación de los intereses de ambas partes. Sin embargo, es recomendable una reunión trimestral para efectuar el análisis y seguimiento de la situación de la empresa.

✓ **Reunión de ventas**. Este tipo de reuniones se celebran por diversos motivos tales como analizar resultados de la campaña anterior, presentar el plan de objetivos anuales, motivar a los vendedores para que logren mejorar sus cifras de ventas, exponer las directrices que han de seguir los comerciales para el lanzamiento en el mercado de un nuevo producto, etc.

1.1.6. Reuniones informales. Reuniones de corta duración, como máximo media hora, que se organizan sin seguir un protocolo de actuación determinado, no precisan de orden del día y tampoco es necesaria la redacción de un acta, por lo que las conclusiones obtenidas se suelen redactar mediante una nota interna. Ahora bien, que su organización sea más sencilla no quiere decir que no persiga un objetivo, es decir, no son reuniones menos importantes que el resto. Un ejemplo muy común de reunión informal es la que tiene lugar entre un jefe de departamento y sus subordinados para organizar el ***planning*** **semanal** o realizar el **seguimiento de un proyecto**. La logística que requieren estas reuniones es muy sencilla puesto que la reserva de la sala está fijada para todo el año, por lo que tan sólo nos ocuparemos de revisarla antes del inicio de la reunión y, asimismo, elaboraremos un dossier en caso de que nos lo solicite nuestro jefe.

1.1.7. Reuniones internas. En este tipo de reuniones los asistentes forman parte de la misma empresa o institución, independientemente del objetivo o finalidad que tenga la reunión. La filosofía en estos eventos ha de ser la misma que en el resto de reuniones, es decir, debemos cuidar al máximo todos los detalles de organización previos así como la gestión durante la reunión, con el fin de lograr la máxima eficacia que, además contribuirá a fomentar el sentido de pertenencia al grupo. Al organizar estas reuniones debemos tener en cuenta la estructura y jerarquía de nuestra empresa, así como las normas que regulan nuestra organización interna. Respecto al lugar de celebración por lo general, tienen lugar en la sala de reuniones o de juntas de la propia empresa, que suelen estar acondicionadas para estos menesteres. Las tareas del asistente de dirección en estos casos serán la preparación y el envío de convocatoria, la recepción y asistencia de los participantes así como la comprobación de la sala el día de la reunión y el encargo del cátering, si lo hubiese.

- ✓ **Junta directiva**. Órgano cuya función es la de controlar, dirigir y planificar los diferentes asuntos y actividades de una entidad. La reunión de la Junta Directiva no ha de sobrepasar las dos horas y se debe seguir estrictamente la orden del día.

- ✓ **Asamblea**. Reunión periódica en la que el Consejo de Administración convoca a sus socios o accionistas con el fin de informar, analizar resultados, repartir dividendos o resolver problemas. Para las Asambleas Generales anuales que deben celebrar las empresas por ley, los preparativos, procedimientos y actas deben ser elaborados por expertos, secretarios de las empresas, contables y abogados.

- ✓ **Aprobación de presupuestos**. Tal y como su nombre indica estas reuniones, que se celebran por lo general con una periodicidad anual, tienen como objetivo aprobar los presupuestos de la empresa. Es práctica habitual en las grandes empresas que cada departamento elabore previamente su propio presupuesto para proceder a su análisis y posterior aprobación en dicha reunión.

- ✓ **Consejo de Administración**. Antes de nada, debemos tener en cuenta que tanto las Juntas de Accionistas como el Consejo de Administración son las reuniones internas más importantes dentro de una empresa, debido a su proyección mediática y social. El consejo de administración se define como el órgano de administración que, junto a la Junta General de Accionistas, rige las Sociedades Anónimas. Las reuniones del consejo de administración son convocadas por el Presidente, quien, a su vez será el director de la reunión; no cuentan con un elevado número de asistentes —por lo general, suelen estar formadas por doce personas—. Aunque un Consejo de Administración no sea tan mediático como las Juntas Generales de Accionistas, es fundamental cuidar igualmente todos los detalles relativos a su organización —sala, precedencias de los consejeros, medios técnicos, etc.—

- ✓ **Comité directivo**. Reunión de alto nivel presidida por el Director General a la que asisten, principalmente, los subdirectores y los directores de departamento no siendo el número total de asistentes superior a las diez o quince personas.

- ✓ **Junta General de Accionistas**. Reunión de accionistas en una Sociedad Anónima cuya finalidad es dar cuenta de la gestión realizada por los administradores y aprobar las cuentas del ejercicio anterior. Puede ser de varios tipos: constituyente —la primera que celebra la sociedad—; ordinaria —de obligatoriedad anual marcada por ley—; extraordinaria —la que tiene lugar fuera de las reuniones ordinarias— y universal, que se celebra sin convocatoria previa. Lo más habitual es que se celebren cada año, pero, en cualquier caso, nos atendremos a las directrices que establezcan los Estatutos Sociales.

1.1.8. Reuniones externas. Reuniones en las que los participantes pertenecen a diferentes organizaciones o colectivos aunque estén relacionados entre sí, por ejemplo, las reuniones con clientes y proveedores, o las reuniones que se celebran entre diversas asociaciones, etc. En estas reuniones debemos esmerarnos en la preparación de los aspectos logísticos y protocolarios con el fin de lograr la mejor proyección de nuestra imagen corporativa. Entre otros aspectos logísticos, seremos los encargados de organizar los viajes y alojamientos para aquellos asistentes que acudan de otra ciudad o país —siempre y cuando así nos lo ordene el jefe, claro está—. Por otra parte, y debido a que en estos encuentros el componente social es muy importante, debemos prever un tiempo inicial para que los asistentes tomen contacto entre sí. Aunque la organización de este tipo de reuniones se amplía en el epígrafe «Organización de eventos», a continuación se detallan los diferentes tipos de reuniones externas:

- ✓ **Mesa redonda**. Grupo de personas expertas en una materia, de tres a seis participantes, que se reúnen para exponer y debatir sobre un tema determinado, que realizan un debate al final de todas las intervenciones.

- ✓ **Conferencia**. Disertación en público entre dos o más personas para tratar uno o varios asuntos de su competencia.

- ✓ **Congreso**. Reuniones a gran escala de carácter formativo, dirigidas a un sector determinado y cuya duración es de tres a cinco días. Su objetivo es la divulgación de ideas y su contenido se centra en la exposición de temas, organización de grupos de trabajo, debates, contraste de opiniones y conclusiones.

- ✓ **Coloquio**. Reunión en la que uno o varios especialistas dan una charla basada en un tema específico dando paso a continuación a un turno de preguntas y respuestas relativas al asunto en cuestión.

- ✓ **Convención**. Reuniones que restringen la participación tan solo a los miembros de una organización o empresa. Su organización es más sencilla que la de los congresos, ya que la responsabilidad de la convocatoria recae en una sola persona que es la que decide los detalles —días de duración, elección de alojamientos, medios de transporte, etc.—

- ✓ **Simposio**. Reunión en la que dos o más expertos exponen sus puntos de vista sobre un tema determinado, permitiendo la participación activa de los asistentes. Su duración es de dos días como máximo y no suelen requerir ningún protocolo especial.

- ✓ **Negociación**. En estas reuniones se congregan diferentes grupos con intereses, valores y expectativas, por lo general antagónicos, con el fin de llegar a un acuerdo lo más provechoso posible para cada parte. Este tipo de reuniones tienen un carácter complejo, por lo que es especialmente importante saber dialogar, comunicar y saber ceder. El moderador debe ser imparcial e insistir a las partes de la necesidad de alcanzar un objetivo, aunque ello conlleve tener que ceder o perder en algún aspecto, en pos de la consecución del objetivo final. Respecto al número de asistentes, se recomienda un número pequeño, por ejemplo, dos partes y un moderador, aunque tampoco es conveniente que acudan más de tres personas por cada parte. Por lo que respecta a la empresa, el ejemplo más habitual de este tipo de reuniones es la negociación del convenio colectivo con sus trabajadores.

1.1.9. Otro tipo de reuniones. Aparte de las reuniones que acabamos de conocer, existen otras que se clasifican **según el canal** por el que fluye la información:

- ✓ **Presenciales**. Aquellas reuniones donde todos los participantes comparten el mismo espacio físico.

- ✓ **Virtuales**. Reuniones que tienen lugar entre personas que se encuentran físicamente en diferentes lugares. Se trata de un recurso cada vez más utilizado, ya que aportan muchas ventajas a los usuarios, especialmente, el ahorro de tiempo y gastos que suponen los largos viajes, así como la comodidad para los propios participantes. Estas reuniones no solo congregan a ejecutivos sino que son utilizadas de manera frecuente entre clientes y proveedores puesto que cada vez es mayor el número de empresas que externalizan su producción en países de mano de obra más barata.

  Las reuniones virtuales más utilizadas son las siguientes:
  - **Videoconferencia**: este término engloba todas las comunicaciones a través de internet en las que se conjuga imagen y sonido permitiendo establecer comunicación entre varias personas o grupos ubicados físicamente en diferentes lugares. Dependiendo del número de participantes, existen dos tipos: **punto a punto** (se realiza entre dos terminales de videoconferencia y se puede realizar desde la oficina o bien en una sala específica de videoconferencia) y **multipunto**, que se realiza entre dos o más terminales.
  - **Conferencia web**: al igual que en la videoconferencia, los participantes se conectan a través de Internet. Sin embargo, se diferencian por dos motivos: por un lado están más pensadas para la interacción a nivel individual, no grupal, y por otro lado, lo importante es compartir contenidos y audio (documentos, presentaciones, etc.).
  - **Telepresencia:** se trata de un sistema de comunicaciones de video que permiten aparecer en tamaño real a las personas ubicadas al otro lado de la pantalla. El diseño de las salas conectadas entre sí ha de ser exactamente el mismo, es decir, todas las salas comparten la misma distribución alrededor de una mesa central, decoración e iluminación, por lo que los participantes tienen la sensación de encontrarse físicamente en la misma sala.

- ✓ **Reuniones convocadas por otra empresa.** Hasta ahora hemos conocido las reuniones en las que nuestra empresa es la organizadora, pero ¿qué ocurre cuando nuestro jefe es convocado por otra empresa para acudir a una reunión? Es evidente que la responsabilidad de la organización recaerá sobre la empresa convocante, por lo que nuestro cometido al recibir la convocatoria será ponerla en conocimiento de nuestro jefe. En caso de que este no vaya a asistir a la reunión, lo comunicaremos a la mayor brevedad posible y a continuación, archivaremos dicha convocatoria. Ahora bien, si decide asistir nuestras funciones serán:
  - Confirmar su asistencia a la empresa que le haya convocado.
  - Anotar los datos (fecha, hora, lugar y motivo) en nuestra agenda y la del jefe.
  - En caso de que sea la primera vez que se trata con la empresa convocante, reuniremos la mayor información posible sobre ella. Dicha información la obtendremos a través de su organigrama, informes económicos, principales proveedores y clientes, archivos de prensa, etc.
  - Preparar un dossier que incluya toda la documentación necesaria para asistir debidamente preparado.
  - A ser posible, también averiguaremos quiénes serán los demás participantes.

- Asimismo, dependiendo del tipo de reunión a la que acuda, también prepararemos información general sobre nuestra empresa —dossier, catálogos o DVD corporativo.
- Debemos preparar un plano de situación que contenga los datos concretos del lugar de reunión, con detalles sobre el modo de llegar y aparcamiento más cercano, en caso de que la empresa no disponga de él.

1.2. Planificación de las reuniones

El primer paso para conseguir que la reunión sea un éxito es planificarla con la antelación adecuada, lo que nos permitirá hacer una correcta preparación de todos los elementos: elección del local, impresión de folletos, preparación de medios audiovisuales, etc. Ahora bien, la excepción ocurre en aquellas reuniones de carácter urgente que son convocadas por el presidente de la empresa o el director general, en cuyo caso, obviamente, tendremos que ajustarnos a sus agendas.

Pautas para una correcta planificación

Responder a las siguientes preguntas nos ayudará a planificar una reunión de un modo correcto:

- **Por qué**: o lo que es lo mismo, ¿es realmente necesaria su celebración? ¿ya hemos descartado cualquier otro tipo de alternativa más sencilla y económica como por ejemplo una llamada telefónica o una videoconferencia?
- **Para qué**: los objetivos perseguidos; deben ser afirmaciones breves y concisas.
- **Sobre qué**: la elección de los temas que se van a tratar. Es mucho más productivo programar varias reuniones cortas en lugar de una muy larga, ya que solo se convocará a las personas implicadas y se agilizará la toma de decisiones al final de la reunión.
- **Quién**: la selección de los participantes, que se decidirá en función de los objetivos. No olvidemos la fórmula: «A menor número de asistentes, mayor productividad».
- **Cuándo**: elección de fecha y tiempo previsto por el convocante para cada intervención, en función del número y complejidad de los asuntos así como del número de asistentes. Además, y siempre que sea posible, se recomienda buscar un consenso entre los asistentes, con lo cual no solo conseguiremos conocer de antemano su disponibili-

dad, sino que también haremos gala de una cultura de respeto hacia las personas y su valioso tiempo.

- **Dónde**: lugar de celebración adecuado a las necesidades según el número de asistentes y la finalidad de la reunión. Por ejemplo, en reuniones para solucionar un conflicto, es recomendable escoger un lugar neutral.
- **Cómo**: logística: sala, medios audiovisuales, cátering, regalos, recursos propios y ajenos (humanos y materiales).
- **Cuánto**: confección del presupuesto.

1.3. Preparación de las reuniones

1.3.1. Objetivos. Tal y como hemos visto, uno de los aspectos fundamentales para lograr la máxima productividad en una reunión es el de tener claros los objetivos que queremos lograr con su celebración: intercambiar ideas o información, tomar decisiones, elaborar estrategias, comunicar temas de interés, coordinar tareas, etc.

1.3.2. El presupuesto. El presupuesto es la suma de todos los costes previstos para cubrir las necesidades que conlleva la celebración de una reunión.Por ello una de nuestras responsabilidades será la de elaborar un presupuesto lo más ajustado posible, ya que, aunque la mayoría de las reuniones de trabajo —sobre todo las que celebramos en nuestra empresa—, no persiguen un beneficio económico, tampoco debemos permitir que nos supongan pérdidas. La organización de reuniones internas nos permitirá elaborar un presupuesto preciso, en primer lugar porque el margen de error respecto al número de asistentes será prácticamente nulo y, en segundo lugar, porque en la mayoría de las empresas ya contamos con una partida presupuestaria anual dedicada a la celebración de todo tipo de eventos. Además, por lo general las empresas cuentan con un listado de proveedores con negociaciones previas sobre condiciones de pago, descuentos, bonificaciones, etc., por lo que el asistente de dirección deberá tener archivados los folletos y tarifas de precios de todos aquellos proveedores relacionados con la organización de reuniones tales como empresas de cátering, de medios audiovisuales, de alquiler de banderas, agencias de intérpretes y azafatas, etc.

En el apartado de costes, distinguiremos entre:

- ✓ **Costes fijos**. Aquellos que NO dependen del número de asistentes, por lo que no suelen variar. Se trata de la partida más importante ya que aquí se incluyen, entre otros: reserva de sala; alquiler de audiovisuales (retroproyectores, escáner, pantallas, etc.); gastos de sonido (micrófonos, cableado, adaptadores, etc.); preparativos en la sala (decoración, mobiliario, atriles, alfombras, etc.); gastos de iluminación, etc. También se incluyen aquí los gastos relativos a RRHH: honorarios de los técnicos, desplazamientos, dietas, y la subcontratación de personal de apoyo: azafatas, intérpretes, traductores, etc. Por otra parte, también incluiríamos aquí los gastos de marketing y publicidad como, por ejemplo, la difusión del evento en prensa por medio de anuncios publicitarios y ruedas de prensa, etc.

- ✓ **Costes variables**. Aquellos que SÍ dependen del número de asistentes. Incluyen las siguientes partidas por persona: comidas, café y refrescos; alojamiento y viaje —si lo precisaran—; documentación variada: carpetas, identificaciones, porta credenciales, impresión de documentos, informes, etc.

- ✓ **Costes imprevistos**. Tal y como su nombre define, se trata de costes con los que no contamos en un principio, por ello es aconsejable destinar un 10% de gastos extra en la partida presupuestaria.

Por último, y aunque no se suelen presupuestar, no debemos olvidar los gastos en los que incurrimos en el campo de los RRHH. Para ello habría que calcular el coste del tiempo invertido de cada persona —en función de su sueldo— y añadir las ganancias que podría haber generado si no hubiese asistido a la reunión.

1.3.3. Registro de fechas en agenda: una de nuestras responsabilidades es la de fijar en la agenda del jefe y la nuestra todas las reuniones a las que está invitado y a las que está previsto que vaya a acudir.

1.3.4. Lista de control: con el fin de no olvidar ninguna de las acciones que debemos realizar para preparar una reunión, es conveniente que tengamos preparada una lista de control que incluya todos los pasos que vamos a seguir. A modo de ejemplo se recomienda la siguiente plantilla que puede ser modificada según vuestras necesidades:

LISTA DE CONTROL DE ACCIONES PARA PREPARAR UNA REUNIÓN

1. **Definición de los objetivos**
2. **Elección de temas, orden y tiempo destinado a cada uno de ellos**
3. **Elección de los participantes** (una vez elegidos y confirmada su asistencia, organizar la logística de los viajes: hoteles, medios de transporte, etc.)
4. **Redacción y envío de la convocatoria**
5. **Selección del material de apoyo necesario** (dossiers, medios audiovisuales e informáticos, etc.)
6. **Elección del local** (sala: mesas, asientos, preparación de tarjetas de mesa, material de oficina necesario, decoración, etc.)
7. **Restauración:** reserva en restaurante o cátering
8. **Selección de personal adicional**
9. **Obsequios**

1.3.5. Lista de participantes: una vez elegidos los participantes en función del tipo de reunión que se vaya a celebrar, confeccionaremos la lista de participantes, que deberá incluir los siguientes datos:

- nombre y apellidos
- tratamiento
- cargo
- empresa
- dirección trabajo
- teléfono/extensión
- teléfono móvil
- fax
- email
- aficiones
- preferencias en:
  - comidas
  - habitaciones
- regalos entregados
- *hobbies*

1.3.6. Material de apoyo: otro de los factores que contribuyen a la mayor eficacia de una reunión es comprobar que la sala disponga de los medios audiovisuales necesarios y que funcionen correctamente: ordenador, retroproyector, pizarra, cañón de luz, TV, vídeo, etc., así como tener suficientes tomas de corriente.

- ✓ **Pizarra**. Uno de los sistemas más utilizados tradicionalmente, sobre todo en reuniones pequeñas y en cursos de formación. Existen varios tipos, aunque las más utilizadas son, en primer lugar, la pizarra tipo *velleda* —que puede ser **magnética** o **adhesiva**—, para la que se utilizan rotuladores de diferentes colores y cuyo uso resulta muy cómodo ya que la escritura es muy limpia y se borran fácilmente. En segundo lugar la pizarra de **papel** o papelógrafo, de uso muy habitual, sobre todo en reuniones informales, en formato de gran cuaderno de notas y que suele estar fijado en un caballete, y por último, la **pizarra digital**, cuyo uso se va incrementando paulatinamente.

- ✓ **Cañón de luz**. Sirve para realizar presentaciones multimedia con imágenes, audio, vídeo, etc. Se implanta junto a un ordenador, normalmente portátil, por lo que se reduce el tamaño del conjunto del equipo.

- ✓ **Retroproyector**. Uno de los sistemas más utilizados en las reuniones de trabajo, que permite la visualización de **gráficos** e imágenes impresos en transparencias. Sin embargo, las desventajas que presenta son por un lado, que no ofrece una imagen de alta definición y, por otro, el ruido del ventilador y la altura del brazo del foco ya que dependiendo de dónde estén sentados algunos asistentes, dificultará la visión.

- ✓ **Televisión y video**. Permiten la reproducción y visualización de imágenes previamente grabadas.

- ✓ **Presentaciones**. Uno de los recursos multimedia más utilizados hoy en día. Se trata de archivos o documentos informáticos que permiten incluir textos, gráficos, fotografías, etc. por lo que resultan muy atractivos visualmente resultando ser un gran apoyo en las presentaciones. Cuando el participante en la reunión tenga previsto realizar una presentación en PowerPoint, es necesario conocer con antelación si la llevará en una memoria externa o utilizará su ordenador portátil. En cualquier caso, deberá enviar su presentación con antelación para que el técnico encargado compruebe que funcione correctamente en el ordenador de la sala. En el caso contrario, es decir, si es nuestro jefe el encargado de hacer una presentación en otra empresa, la enviaremos con antelación al coordinador y el día de la presentación la llevará en dos dispositivos diferentes, por si surgiera algún problema técnico inesperado.

- ✓ **Gráficos**. Se trata de una serie de imágenes en las que se incluyen una o varias leyendas a modo de explicación y que relacionan diferentes ideas y datos entre sí. Son muy utilizados en el mundo de la empresa, en las instituciones, las finanzas, en el ámbito científico, etc.

- ✓ **Diapositivas**. A pesar de su gran calidad gráfica están cada vez más en desuso ya que requieren bastante tiempo de preparación y resultan muy costosas. Se insertan en un carril y mediante un proyector se reflejan en una pantalla; su proyección se debe realizar en una sala oscura.

1.3.7. Tarjetas. Colocación de los integrantes. Precedencias. En cualquier reunión formal debemos colocar tarjetas de mesa en la mesa presidencial para identificar a sus miembros, aunque en otras reuniones estas son también necesarias ya que permiten conocerse entre sí a los asistentes. Existen diferentes soportes para tarjetas y aunque las más utilizadas son las de metacrilato, si no disponemos de dichos soportes, bastará con imprimir los datos en letra grande por ambas caras en una cartulina de cierto grosor. Los datos que deben contener son: nombre y primer apellido y debajo el cargo, organización o empresa a la que pertenece. Dependiendo de los asistentes, también anotaremos su país de procedencia. La colocación de los identificadores de puesto de mesa se efectuará siguiendo las normas de protocolo pertinentes de presidencia y precedencias. En el epígrafe *Protocolo empresarial* –página 89–, conoceremos más a fondo cómo se determinan las precedencias y la colocación de los participantes en las mesas.

1.3.8. Logística. La RAE define la logística como el conjunto de medios y métodos necesarios para llevar a cabo la organización de una empresa o de un servicio. Por ello, cuando hablamos de la logística de una reunión, nos referimos a la organización de todos y cada uno de los elementos, humanos y materiales, que hacen posible su celebración. El nivel de la logística será equivalente al tamaño de la reunión, es decir, si se trata de reuniones internas —una reunión de departamento, por ejemplo—, es obvio que las necesidades serán muy distintas de las que requiere una reunión externa de gran envergadura.

✓ **La sala.** Uno de los factores que contribuirán de manera decisiva a que la reunión sea eficaz y por tanto un éxito, es el de hacer una buena elección del lugar de celebración. Para ello, tendremos en cuenta que el **tamaño** de la sala sea adecuado en función del número de asistentes, que no haya **ruidos**, que disponga de **luz** suficiente, que tenga un mobiliario adecuado, etc. La reunión puede celebrarse dentro o fuera de la empresa; si decidimos celebrarla fuera, acudiremos a visitar personalmente el lugar que hayamos escogido con un listado de comprobación de salas para comprobar in situ que cumple los siguientes requisitos:

LISTADO COMPROBACIONES DE SALAS

1. ¿Dispone de **luz** natural? Si no fuera así, la habitación deberá estar perfectamente iluminada con luz eléctrica.
2. Debe tener una acústica excelente y no debe haber ningún tipo de ruidos del exterior.
3. Ubicación: ¿se accede con facilidad, dispone de aparcamiento exterior, hay algún *parking* cercano?
4. ¿Dispone de facilidades para personas discapacitadas?
5. ¿Dispone de buena **ventilación** y **temperatura** ambiente: aire acondicionado, calefacción?
6. ¿Se pueden apagar todas las luces de la sala?
7. ¿Dispone de suficientes tomas de corriente?
8. ¿Cuenta con los **medios audiovisuales** e **informáticos** suficientes?
9. ¿Dispone de teléfono y fax?
10. ¿Cuenta con salas adicionales para reuniones privadas?

Por lo general, se suelen alquilar las salas de los hoteles, aunque cada vez es más habitual recurrir a los **hoteles de empresa**, que disponen de diferentes tipos de salas equipadas con las últimas tecnologías. En cualquiera de los casos, nos ocuparemos de colocar diferentes elementos de imagen corporativa con el fin de darle un «toque» propio. Una vez elegida la sala y en función de la reunión que se vaya a celebrar, el siguiente paso será la elección del tipo de mesa y asientos. Siguiendo criterios funcionales, las sillas han de ser confortables y la mesa o mesas, deben tener el tamaño adecuado para permitir la correcta distribución de los participantes, con el fin de que tengan una buena visibilidad (tanto entre ellos, como de la pantalla donde se vayan a realizar las presentaciones).

Tipos de mesas para reuniones de trabajo

- La mesa ovalada o redonda es la más adecuada para fomentar la participación del grupo porque facilita el **contacto visual** y elimina distancias y desigualdades.

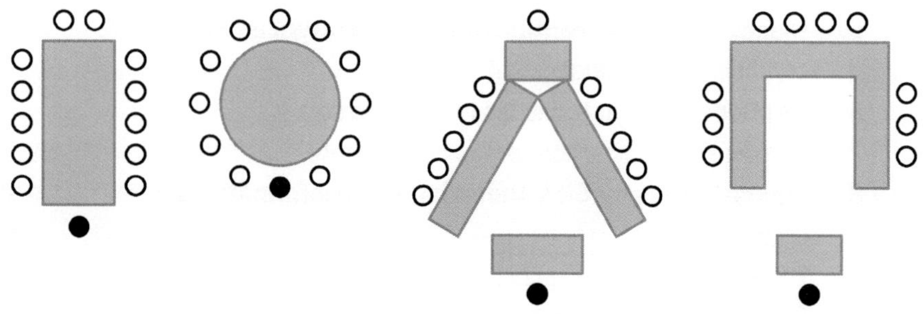

Formas usuales de disponer los sitios. ● Ponente ○ Asistentes

FUENTE: FRANCISCO LÓPEZ-NIETO

- La colocación en forma de U o herradura supone una presidencia y enfrenta a dos grupos.
- Los sentados en los extremos de una recta se ignoran fácilmente.
- Para intensificar la comunicación, deben evitarse las dobles filas y los rectángulos alargados tipo banquete.

Consideraciones que debemos tener en cuenta sobre la ubicación de los asistentes

- En una reunión interna, cuando un alto directivo desea mantener un diálogo con el gerente de un área determinada, en presencia de otros gerentes, es aconsejable utilizar una mesa con presidencia francesa, por lo que dicho gerente y el alto directivo quedarían sentados frente a frente.

- Por el contrario, en una reunión externa, cuando acuda un invitado de mayor jerarquía que el anfitrión, es recomendable utilizar una mesa redonda, ya que disimula las jerarquías.
- Debemos evitar que los participantes refuercen entre ellos alianzas de poder o grupos de presión.
- Si celebramos una reunión para proyectar nuestra imagen corporativa ante un cliente o una empresa de la competencia, nos sentaremos frente a ellos con el fin de aunar nuestras fuerzas y ofrecer una imagen fortalecida de equipo.
- Los participantes sentados frente a frente tienen mayor contacto visual; los sentados contiguos tienden a formar subgrupos.

✓ **Cátering - restauración**. Las maneras más habituales de agasajar a nuestros invitados son las de contratar un cátering para ofrecerlo en nuestras dependencias, o bien acudir a un restaurante de nuestra confianza.

✓ **Medios audiovisuales e informáticos**. Ya hemos visto que la elección correcta de los medios audiovisuales e informáticos es de suma importancia para lograr el éxito de nuestras reuniones; por ello, dependiendo de la naturaleza de la reunión será más apropiado elegir unos u otros.

✓ **Decoración**. Lo recomendable es que en una mesa de trabajo no haya ningún tipo de decoración, puesto que los participantes deben disponer de todo el espacio necesario para trabajar; por ello, tan solo se dispondrá en cada puesto un bolígrafo y un bloc de notas. Por lo que respecta a los centros florales, en último caso, se puede colocar un pequeño y discreto centro floral que no desprenda perfume alguno; ahora bien, si se trata de reuniones que se celebran en grandes recintos, lo apropiado es colocarlo a los pies de la mesa presidencial.

✓ **La seguridad**. Hoy más que nunca, la **seguridad** es uno de los pilares fundamentales para conseguir el éxito de cualquier reunión y evento que se precie, sobre todo en aquellos que congreguen a un numeroso grupo de personas. Por ello, debe existir en todo momento una comunicación directa entre los organizadores —protocolo—, los medios de comunicación y el departamento de seguridad. Si bien se trata de una tarea cuya organización no nos compete, sí es fundamental demostrar un espíritu de colaboración, siguiendo fielmente las instrucciones que nos impartan los profesionales. Existen dos aspectos implícitos en la seguridad en un acto:

1. La relacionada con las instalaciones y el entorno donde se vaya a celebrar el acto.
2. La seguridad como prevención de riesgos.

Los diferentes cuerpos de seguridad son los responsables de velar por la seguridad tanto interior como exterior del lugar donde se celebre el acto, siendo los encargados de impedir la entrada al recinto a cualquier persona que no esté acreditada o invitada al mismo. Otra de sus responsabilidades consiste en la supervisión previa de las instalaciones con el fin de confirmar que reúnen las condiciones elementales de seguridad tanto para autoridades como para los invitados. Cuando se trate de la celebración de una reunión en nuestras instalaciones, y a la que asistan miembros de nuestra propia organización, será suficiente con nuestro habitual equipo de seguridad ubicado a la entrada del complejo. Sin embargo, cuando organicemos actos mixtos y recibamos a una o varias autoridades, estas acudirán con sus propio equipo de seguridad siendo este el momento en el que debemos coordinarnos a la perfección y seguir las instrucciones que nos indiquen.

✓ **Reserva de hoteles y medios de transporte**. Cuando debamos encargarnos de la organización de los viajes de los asistentes a las reuniones convocadas por nuestra empresa, debemos tener en cuenta diferentes aspectos. En primer lugar, al seleccionar los hoteles para el alojamiento de los participantes, tendremos en cuenta el número, tamaño y tipo de habitaciones, los servicios que ofrecen y la excelente calidad del restaurante o restaurantes de los que disponga. Si el alojamiento corre a cargo de la empresa, proporcionaremos a los invitados los datos del hotel y les haremos llegar copia de la reserva; en caso contrario, se les facilitará un listado de reservas en hoteles de diferentes categorías con el fin de que puedan escoger. Respecto a los medios de transporte, cuando nuestra empresa se haga cargo del coste de los viajes, nos encargaremos de efectuar las reservas de vuelos, trenes o alquiler de vehículos pertinentes. En otros casos, lo más habitual será organizar un servicio de transfer o recogida de invitados en el aeropuerto o estación de tren.

✓ **Recursos humanos**. Tal y como hemos visto, cuando se trate de eventos que requieran un alto nivel de organización precisaremos contratar personal de apoyo que cubra las siguientes áreas: azafatas, técnicos de sonido e imagen, intérpretes, traductores, seguridad, personal que regule y controle los accesos a las instalaciones, personal auxiliar de limpieza, etc.

✓ ***Outsourcing***. Por *outsourcing* entendemos la subcontratación de empresas especializadas. Para la organización de reuniones, precisaremos acudir a empresas de recursos humanos —azafatas, intérpretes, técnicos, etc.— y de recursos materiales —cátering, medios audiovisuales, alquiler de banderas, etc.

1.4. Terminología utilizada en reuniones, juntas y asambleas

1.4.1. Orden del día. Uno de nuestros cometidos es el de elaborar el orden del día o agenda del acto. Se trata de un documento importante ya que sirve de guía detallada para la preparación, tanto para el moderador como para los participantes, por lo que debemos concretar muy bien los temas y ordenarlos de mayor a menor urgencia. El estilo ha de ser breve y conciso, con el fin de definir perfectamente el objetivo u objetivos de la reunión, así como los temas que se van a tratar.

El orden del día ha de contener los siguientes datos:

- **Nombre** de la reunión.
- **Objetivo/s.**
- **Fecha, hora y lugar de celebración**: si la reunión se celebra fuera de nuestras instalaciones, se recomienda adjuntar un plano de situación.
- **Duración estimada.**
- **Listado de participantes**: nombre, apellidos y cargo; si acuden participantes externos, añadiremos la empresa u organismo al que pertenecen.
- **Nombre del convocante.**
- **Rol de los participantes.**
- **Temas.**

Ejemplo de convocatoria mediante carta para una reunión del Consejo de Administración:

Sr. D. Ángel Sánchez Menéndez
Consejero de la Sociedad
CONSTRUCCIONES BERBERA, S. A.
MADRID

Madrid, (día) de (mes) de (año)

Estimado Consejero:

De acuerdo con las instrucciones del Presidente de la Sociedad, le convoco a la reunión del Consejo de Administración de CONSTRUCCIONES BERBERA, S. A., que se celebrará el próximo día 17 de noviembre a las 10:00 horas, en la sala de juntas del domicilio social, sito en la Avda. Conde de Mena 23 de Madrid.

El orden del día de la reunión será el siguiente:

1. Aprobación del Acta de la sesión anterior.
2. Informe sobre el plan estratégico de la Sociedad.
3. Elección de nuevo Consejero para reemplazar a D. ....
4. Ruegos y preguntas.

En caso de no poder asistir, podrá delegar su representación en otro Consejero, remitiendo un escrito al efecto en el que conste dicha delegación.

Reciba un cordial saludo,

Germán Gómez Caso
Secretario del Consejo

1.4.2. Convocatoria de la reunión. En el momento en que nuestro jefe nos comunica su decisión de convocar una reunión, uno de nuestros cometidos como asistentes de dirección será la elaboración y el envío de la convocatoria a los participantes en la reunión. La convocatoria es el documento mediante el cual se invita a participar en una reunión a una serie de personas seleccionadas y donde se especifican de forma clara y concisa todos los detalles concernientes a la reunión. El envío se debe realizar con la mayor antelación posible con el fin de que los asistentes puedan preparar bien la reunión, aunque este plazo dependerá del grado de complejidad de la propia reunión.

Su estructura es la siguiente:

- **Fecha, lugar, hora y duración.**
- **Relación de participantes.**
- **Motivo de la reunión y objetivos.**
- **Orden del día**: cuando es muy breve, se puede presentar directamente en la convocatoria. En caso contrario, la enviaremos adjunta.
- **Documentación**: si fuese preciso enviar información adicional como ayuda para la preparación de la reunión, la enviaremos adjunta.

Por lo general, en una reunión interna la convocatoria se envía por correo electrónico, mediante opciones específicas para tal fin. De esta manera, una vez que la persona confirma su asistencia, el sistema bloquea automáticamente en su agenda electrónica dicha reunión, a la vez que genera un recordatorio para la misma. Ahora bien, si nuestra empresa está sujeta a regulaciones específicas, nos ceñiremos a aplicar la normativa establecida que determina cómo y cuándo se debe realizar la convocatoria, tanto dentro como fuera de la empresa. En el caso de celebración de las juntas de accionistas de grandes empresas, se publica la convocatoria en el Boletín Oficial del Registro Mercantil.

1.5. Desarrollo de la reunión: duración, etapas y pausas

Toda reunión consta de cuatro etapas:

1. Presentación de la información, donde se exponen los objetivos y la información necesaria para llevarlos a cabo.
2. Evaluación de la información.
3. Toma de decisiones.
4. Listado de las acciones adoptadas para poner en práctica los acuerdos adoptados.

La **duración** de una reunión dependerá del número de asistentes, así como del número de temas y la complejidad de los mismos. Ahora bien, las reuniones que se celebran a lo largo del día hacen necesario marcar las **pausas** o tiempos de descanso, tanto físico como psicológico, con el fin de lograr una mejor optimización del tiempo. Para gestionar correctamente los tiempos de descanso de los participantes, tendremos que hacer una adecuada elección del menú y las bebidas (menús ligeros y a ser posible nada de alcohol al mediodía), contar con un servicio eficiente, definir los tiempos destinados a cada pausa, etc.

Aunque en el epígrafe *Protocolo empresarial*, conoceremos en detalle los diferentes tipos de agasajos en el mundo empresarial, debemos saber que la duración estimada para los descansos es la siguiente:

- **Pausa-café**: debe durar unos 30 minutos; un cuarto de hora si se trata de muy pocas personas.
- **Almuerzo**: un almuerzo compuesto de tres platos durará, como máximo, una hora y media.
- **Otros**: otro tipo de pausa para el almuerzo es el bufet; la duración máxima de éste será de una hora.

1.6. Tipología y funciones de los participantes en una reunión

Como ya hemos visto al comienzo de este epígrafe, la celebración de una reunión puede deberse a motivos de muy diversa índole: para solucionar un problema, reuniones de negociación, reuniones de ventas, reuniones con clientes y proveedores, etc. Así pues, si uno de los requisitos fundamentales para que una reunión sea eficaz es la de tener definidos claramente los objetivos que se persiguen, no menos importante será la correcta elección de todos y cada uno de los participantes en la misma.

Cada uno de los participantes tiene un cometido y unas funciones que desempeñar:

✓ **Dirección o presidente**. Es la persona que determina la necesidad de la celebración de la reunión y el que la preside. Sus responsabilidades, entre otras, son:

- Identificar los objetivos y los temas que se van a tratar.
- Elegir los participantes.
- Definir el contenido del orden del día y la convocatoria de los asistentes.
- Dar instrucciones sobre la logística de la reunión (sala, cátering, medios audiovisuales, etc.).
- Una vez terminada la reunión, será el responsable de revisar y aprobar el acta.

- Hacer el seguimiento sobre los acuerdos y las acciones acordadas.
- Evaluar la reunión con el fin de encontrar los puntos débiles y mejorarlos.

✓ **Secretario**. Es la persona encargada de plasmar en un acta las informaciones, datos, ideas y conclusiones que hayan surgido a lo largo de la reunión. Es conveniente reunirse con el secretario antes de la reunión con el fin de revisar los datos más relevantes: el listado de los asistentes, con todos los datos necesarios, y los puntos del día, así como el formato y el estilo que deberá seguir para redactar el acta final. Por otra parte, lo habitual es que dé soporte en la logística de la reunión, por lo que recaerán sobre él diferentes tareas:

- La reserva de sala y medios audiovisuales, cátering, etc.
- Todos los aspectos administrativos: envío de la convocatoria, seguimiento de la confirmación de asistencias, preparación de la documentación necesaria, etc.
- El día de la reunión, deberá ocuparse de las comprobaciones pertinentes: sala, medios audiovisuales, etc.
- Tomar notas con el fin de redactar el acta final en un plazo breve. Una vez realizado, enviará el borrador al Presidente para su revisión y aprobación, procediendo a la distribución del acta a todas las personas interesadas.

✓ **Moderador**. También llamado coordinador, animador y/o director, es uno de los miembros imprescindibles en la celebración de cualquier reunión siendo el encargado de moderar y dirigir una reunión, por lo que se convierte también en presentador o maestro de ceremonias. Cuando se trata de reuniones de trabajo internas, el coordinador es la misma persona que convoca, por lo que asume a la vez los roles de presidente y moderador. Además, hay ocasiones en las que el coordinador ejerce al mismo tiempo las funciones de moderador y secretario, si bien esto no es aconsejable debido a la dificultad que entraña ir tomando notas y cumplir al mismo tiempo con el resto de sus responsabilidades dentro de la reunión.

Durante la reunión sus cometidos principales serán:

- Conseguir que el grupo alcance los objetivos fijados en el tiempo previsto.

- Lograr la cohesión de todos sus miembros y crear un clima positivo y participativo.
- Canalizar y ordenar las diferentes ideas que vayan surgiendo a lo largo de la reunión y resumirlas.
- Concretar los acuerdos adoptados.
- El perfil del moderador será diferente en función de la reunión que se celebre, aunque todos deben reunir unas características comunes:
  - Ser un buen orador y saber adaptarse al perfil de los asistentes.
  - Hablar despacio y vocalizando bien y no leer literalmente el texto escrito o que se esté proyectando.
  - Mantener siempre una postura objetiva e imparcial.
  - Mostrar dotes de mando; ha de ser firme pero también amable, mostrando siempre tacto con los asistentes y nunca debe perder el control sobre sí mismo.
  - Tener capacidad analítica y de síntesis tanto para exponer los temas como para responder a las preguntas de los participantes.

✓ **Participantes en general**. Son las personas seleccionadas para participar en la reunión con el fin de tratar los temas previstos; por ejemplo, las reuniones que se celebran con los **proveedores** y los **clientes** para negociar tarifas y condiciones generales, o los miembros de un departamento que se reúnen con su jefe para realizar el seguimiento de un proyecto. Aunque la eficacia de una reunión depende en gran medida del saber hacer del moderador, no es menos cierto que los participantes a quienes compete la materia que se va a tratar, han de ser cuidadosamente seleccionados en función de su perfil profesional, para que sean capaces de aportar informaciones útiles o ideas interesantes. Asimismo, sus caracteres serán compatibles con el resto de los asistentes, con el fin de lograr la homogeneidad del grupo. Acerca del número de asistentes más adecuado procuraremos convocar al **menor número posible de personas**, porque de esta manera será más fácil llegar a un consenso, siendo el número ideal un grupo compuesto de cinco a siete participantes.

✓ **Otros participantes**. Por último, hay que mencionar otro tipo de participantes cuyas figuras no resultan indispensables para que se realice la reunión. Es el caso del **tesorero** —persona encargada de proporcionar información relevante, exacta y actualizada sobre asuntos financieros y económicos de la organización—, o del **vocal**, aquel que tiene voz (y en muchas ocasiones, voto) en la toma de decisiones de un órgano colegiado o como consejero. Otra figura es la del **experto**, persona a la que se convoca con el fin de que aporte sus conocimientos especializados sobre un tema en particular.

1.7. El papel de la secretaria el día de la reunión

Una vez que nos hemos ocupado de planificar y preparar la reunión, llega el día de su celebración, en el que las tareas principales del asistente de dirección serán las de **preparar** la sala, **comprobar** que todo esté listo y **atender** a los asistentes. Llegado este momento, debemos ser conscientes de que en una reunión hay muchos elementos y cualquiera puede fallar, por lo que ante estas situaciones la confianza y seguridad en uno mismo es fundamental.

1.7.1. Preparación de la sala y comprobaciones que debemos hacer

✓ **La sala**: la primera impresión que se llevarán los asistentes a su llegada será el reflejo de la imagen de nuestra empresa; por ello, con el fin de proyectar una imagen profesional y una atmósfera de trabajo, todos los elementos deben estar perfectamente ordenados.

✓ **Mesas**: debemos colocar las tarjetas de mesa según las precedencias establecidas y distribuir la documentación pertinente y el orden del día. Asimismo, excepto en caso de reuniones informales, nos ocuparemos de poner en cada puesto material de oficina corporativo como, por ejemplo, bolígrafos y libretas.

✓ **Asientos**: comprobaremos que los asientos estén bien alineados antes del comienzo de la reunión.

✓ **Documentación**: debemos tener preparadas copias de las intervenciones para los asistentes y para el personal técnico de medios audiovisuales, así como para los intérpretes, en caso de que los hubiera.

- ✓ **Medios audiovisuales**: nos ocuparemos de comprobar el correcto funcionamiento de todos los medios que tengamos previsto utilizar en la reunión, aunque si ésta se celebra en un hotel o unas instalaciones ajenas a nuestra empresa, dispondremos de la asistencia permanente de un técnico por si surge alguna avería, fallos de conexión, cambio de bombilla, etc.
  - Micrófonos: nos aseguraremos de que estén conectados y, en caso de micrófonos de pie o de sobremesa, comprobaremos que la altura se pueda regular correctamente, aunque lo más aconsejable es utilizar micrófonos inalámbricos.
  - Altavoces: regular el volumen.
  - Retroproyectores: comprobar que estén colocados correctamente.
  - Atril: comprobar que está bien anclado y que no se mueve.

- ✓ **Temperatura ambiental**: tanto si utilizamos aire acondicionado como calefacción, debemos estar pendientes durante el transcurso de la reunión de que la temperatura sea la adecuada.

- ✓ **Iluminación**: debemos asegurarnos de que todas las luces funcionan correctamente, así como que la sala se puede dejar totalmente a oscuras, por si los participantes tuviesen previsto hacer una presentación.

- ✓ **Ruido**: cualquier ruido exterior puede distraer la atención de los participantes, por ello hay que evitar los ruidos que provienen del exterior (tráfico, obras, etc.), así como los que pudieran provocar algunos de los medios audiovisuales (la ventilación del retroproyector, por ejemplo), o los propios sistemas de calefacción y aire acondicionado.

- ✓ **Bebidas**: en una mesa auxiliar, colocaremos botellines de agua, zumos y termos de café, especialmente para reuniones que se celebran a primera hora de la mañana, además de vasos, tazas, cucharillas, etc. Asimismo, estaremos pendientes de quitar de las mesas, sobre todo cuando se trata de reuniones largas, los botellines vacíos así como tazas y demás, reemplazándolas por otras limpias.

- ✓ **Cátering**: en caso de que no dispongamos de camareros para ofrecer el ágape, nos ocuparemos de colocar las bandejitas y platos, cubiertos, vasos, servilletas, bebidas, etc., en la sala donde se vaya a celebrar el almuerzo.

✓ **Regalos**: si tenemos previsto entregar regalos corporativos, debemos tenerlos preparados para entregarlos al final de la reunión.

Con el fin de asegurarnos que no olvidamos ningún detalle, es necesario que acudamos con una *check-list* como la que se propone, aunque obviamente, adaptada a nuestras necesidades particulares.

CHECK LIST PARA EL DÍA DE LA REUNIÓN

NOMBRE DE LA REUNIÓN

FECHA Y HORA

LUGAR:

SALA

- ❑ TEMPERATURA AMBIENTE
- ❑ CORRECTO FUNCIONAMIENTO LUCES
- ❑ COLOCAR PANELES Y/O MATERIAL CORPORATIVO

MESA DE TRABAJO

- ❑ COLOCAR TARJETAS DE PUESTO DE MESA
- ❑ COLOCAR ORDEN DEL DÍA
- ❑ DOCUMENTACIÓN ADICIONAL
- ❑ AGUAS Y VASOS
- ❑ BOLÍGRAFOS Y BLOCS DE NOTAS

ASIENTOS

- ❑ ALINEAR
- ❑ PREVER MÁS DE LOS NECESARIOS

MEDIOS AUDIOVISUALES

- ❑ RETROPROYECTOR (lámpara repuesto)
- ❑ PROYECTOR DE DIAPOSITIVAS
- ❑ TELEVISOR, VÍDEO
- ❑ PANTALLA DE PROYECCIÓN
- ❑ PAPELÓGRAFO (prever rollo de repuesto)
- ❑ PRESENTACIONES EN SOPORTE USB, TRANSPARENCIAS, ETC
- ❑ ALARGADORES

MATERIAL DE OFICINA

- ❑ ROTULADORES PARA PAPELÓGRAFO
- ❑ ROTULADORES PARA LAS TRANSPARENCIAS
- ❑ TRANSPARENCIAS EN BLANCO
- ❑ TIJERAS, CELO, GRAPADORA, CLIPS, CARPETAS DE CLIP, SUBCARPETAS, FOLIOS, ETC
- ❑ TARJETAS DE PUESTOS DE MESA EN BLANCO
- ❑ SOPORTES DE PUESTO DE MESA

DOCUMENTACIÓN VARIADA

- ❑ PREPARAR CATÁLOGOS Y FOLLETOS DE EMPRESA
- ❑ DOSSIERS PARA LA REUNIÓN (deben estar preparados con antelación)

ORNAMENTACIÓN

- ❑ BANDERAS OFICIALES
- ❑ CENTRO/S FLORAL/ES
- ❑ BANDERINES DE EMPRESA
- ❑ BANDERA CORPORATIVA
- ❑ PANEL/ES DE EMPRESA

CÁTERING

- ❑ EMPRESA
- ❑ HORA DE ENTREGA

✎ SI NO TENEMOS PREVISTO CONTRATAR CAMAREROS, DEBEMOS:

- ❑ COMPROBAR A LA RECEPCIÓN QUE EL PEDIDO ESTÉ COMPLETO
- ❑ ACONDICIONAR SALA PARA ALMUERZO O COFFEE BREAK:
- ❑ COLOCAR MESA/S
- ❑ MENAJE: CUBIERTOS, TENEDORES, CUCHILLOS, CUCHARILLAS PARA CAFÉ, VASOS Y TAZAS CAFÉ
- ❑ MANTELES Y SERVILLETAS
- ❑ BEBIDAS: AGUAS, REFRESCOS
- ❑ MESA ADICIONAL PARA EL SERVICIO DE CAFÉS E INFUSIONES:
- ❑ TAZAS Y PLATOS, CUCHARILLAS, AZÚCAR Y SACARINA, LECHE, INFUSIONES VARIADAS.

REGALOS

✎ Si tenemos prevista su entrega, debemos prepararlos con un día de antelación.

- ❑ Anotar en este apartado el regalo que se va a entregar y a quién.

1.7.2. Recepción y atención a los asistentes. Una vez hecha la comprobación del estado de la sala, nos dedicaremos a otra de nuestras tareas principales este día, es decir, la de recibir y atender a los asistentes a su llegada. En caso de no conocernos personalmente, nos presentaremos y anotaremos su asistencia marcando una cruz en nuestro listado de control de participantes, entregándole a continuación la documentación pertinente. Si al hacer el chequeo de los asistentes nos damos cuenta de que algún participante imprescindible —por ejemplo el presidente, el secretario o el moderador— no ha llegado aún, intentaremos localizarle para poder proceder al inicio de la reunión. Por otra parte, si observamos que alguno de los asistentes llega con retraso, esperaremos a la puerta de la sala aproximadamente un cuarto de hora, para entregarle la documentación pertinente a su llegada y acompañarle al interior. Si durante el transcurso de la reunión se produce alguna llamada telefónica urgente dirigida a uno de los participantes, debemos comunicárselo personalmente al invitado, por lo general, mediante una nota manuscrita.

LISTADO DE CONTROL DE ASISTENCIA DE PARTICIPANTES

Asistencia	Tratamiento	Apellidos	Nombre	Papel en la reunión	Tfn. contacto
X	Dña.	Suárez Parla	Blanca	Presidenta	XXXXXX
X	D.	Caso Pérez	Pedro	Secretario	XXXXXX
X	Dña.	Suárez Laín	Angélica	Moderadora	XXXXXX
X	D.	Conde Fernández	Antonio	Participante	XXXXXX
X	Dña.	Rodríguez Marino	Margarita	Participante	XXXXXX
X	Dña.	Torres Fernández	Ángeles	Participante	XXXXXX
X	D.	Velasco García	Javier	Participante	XXXXXX

Una vez finalizada la reunión nos ocuparemos de ordenar la sala —colocar las mesas, los asientos, retirar los vasos utilizados, recoger algún documento que hubiera podido quedar olvidado, etc.— y retiraremos los medios audiovisuales utilizados que sean de nuestra propiedad; si no lo fueran, el técnico de la empresa de alquiler será el encargado de esta tarea. Ahora bien, en cualquiera de los casos debemos tener en cuenta que en algunos locales existe un horario fuera del cual se cierran las salas y no se puede acceder a las mismas. Sin embargo, si la reunión termina a última hora de la tarde y se ha celebrado en nuestras dependencias, será el personal de limpieza el que se ocupe de poner en orden la sala.

1.8. La evaluación de la reunión. Actuaciones posteriores a la reunión

Se puede decir que una reunión no finaliza totalmente hasta que no se realizan los siguientes pasos:

- Cumplimentación de un **cuestionario** especialmente creado para evaluar la reunión.
- Redacción del **acta** (borrador y definitiva), envío a los interesados y archivo en el libro histórico de actas.
- Elaboración de un **informe** final.
- Elaboración del **informe económico**.
- **Seguimiento de los acuerdos** alcanzados con el fin de conseguir los objetivos previstos.
- **Archivo** del **dossier** de la reunión.

1.8.1. Cuestionario de evaluación de reuniones. Se trata de un procedimiento escrito, en formato de formulario, que se realiza al final de la reunión, mediante el cual se analiza el funcionamiento de la reunión en diferentes aspectos, tales como la labor del moderador, la dinámica grupal y las actuaciones a nivel individual, así como los aspectos relativos a la logística (sala, medios audiovisuales, mesas, etc.).

La evaluación supone una toma de conciencia sobre los errores cometidos y los logros alcanzados y, a la vez, crea un espíritu de compromiso a nivel grupal con el objetivo de lograr la mejora de la calidad. En la actualidad ya son muy numerosas las organizaciones que disponen de su propia aplicación informática destinada a la gestión de reuniones y que abarcan todos los procesos, desde la inicial planificación hasta la del seguimiento de las acciones adoptadas, incluyendo un campo final destinado a la evaluación.

MODELO DE CUESTIONARIO DE EVALUACIÓN

LOGO EMPRESA

CUESTIONARIO DE EVALUACIÓN DE REUNIONES

Con el fin de colaborar en la mejora de nuestras reuniones, le rogamos que valore la reunión en la que acaba de participar, calificando de menor a mayor grado de satisfacción, del 1 al 5.

NOMBRE REUNIÓN

FECHA

NOMBRE DEL CONVOCANTE Y DEPARTAMENTO AL QUE PERTENECE

ELEMENTOS A VALORAR	Valoración del 1 al 5
Los objetivos estaban claros	
La agenda se distribuyó con la antelación adecuada	
Todos los puntos incluidos en la agenda fueron cumplidos	
La reunión comenzó a tiempo	
Los asistentes fueron puntuales	
La reunión terminó a la hora prevista	
Durante la reunión no hubo interrupciones de ningún tipo	
Los participantes llevaban bien preparada su intervención	
Los temas fueron tratados en profundidad	
El moderador gestionó con eficacia la reunión	
El moderador fomentó la participación de los asistentes	
El moderador no permitió la creación de subgrupos	
La sala era adecuada (tamaño, luz, climatización)	
La documentación entregada era la adecuada	
Los medios audiovisuales eran los necesarios	
Las acciones acordadas en la anterior reunión habían sido realizadas	
Se adoptaron acciones para ser realizadas tras la reunión	
Se asignaron diferentes responsabilidades entre los asistentes	
Valoración global de la reunión	
Observaciones/Otros	

Gracias por su colaboración

1.8.2. Acta de la reunión. El acta es un documento que, de forma resumida, recoge lo tratado y acordado en una reunión siguiendo fielmente el orden de las intervenciones. La finalidad de un acta es doble: por un lado, ayuda al seguimiento posterior de los acuerdos adoptados y por otro, sirve de guía de preparación para la siguiente reunión.

Otra de nuestras tareas importantes al finalizar la reunión será la confección de un primer borrador del **acta**, que someteremos a la aprobación inicial del presidente del consejo. Una vez recibido su visto bueno, redactaremos el texto definitivo y procederemos a distribuirlo con la mayor brevedad posible: si se trata de un desarrollo sencillo de las minutas, debería estar listo al día siguiente. Ahora bien, si tenemos que adjuntar documentación adicional, distribuiremos igualmente de manera inmediata una copia sencilla del acta, pero adjuntando una nota comunicando la próxima distribución del informe final completo. Debemos realizar tantas copias del acta como asistentes hayan acudido a la reunión, incluidas las correspondientes a los que no pudieron asistir.

Los datos que debe incluir un acta son los siguientes:

- **Fecha** y **hora** de la reunión.
- **Nombre del grupo** o entidad que se reúne.
- **Nombre** y **cargo** de los **participantes.** Debemos tener en cuenta que en las sociedades anónimas se deben indicar todos los accionistas asistentes y el capital que representan.
- Si procede, **aprobación del acta** de la **reunión anterior.** Cuando hay varias reuniones en torno a un mismo asunto, se suele aprobar en cada reunión el acta correspondiente a la anterior.
- **Listado** de **documentación** presentada en la reunión.
- Descripción del desarrollo de la reunión: propuestas, votaciones, intervenciones, acuerdos, etc.
- **Hora** de **finalización** de la reunión.
- **Firma** del **secretario y** del **presidente** o director.

EJEMPLO DE ACTA

Acta de la Reunión del Consejo de Administración de
EDITORIAL CENTRUM, S. A.

CELEBRADA

Madrid a (día) de (mes) de (año), en el domicilio social de la empresa, sito en Avda. Conde Lucanor 6 de Madrid, se reúne el Consejo de Administración de EDITORIAL CENTRUM S. A.

La convocatoria se efectuó mediante circular enviada por orden del Sr. Presidente y dirigida a todos los miembros del Consejo.

A la reunión acudieron los miembros que se relacionan a continuación:

Presidente	D. ....
Vicepresidenta	Dña. ....
Vocales	D. ....
	D. ....
	Dña. ....
Secretario	D. ....

ORDEN DEL DÍA

Primero.
LECTURA del acta de la sesión anterior
El Consejo aprobó por unanimidad el acta de la sesión anterior.

Segundo.
INFORME SOBRE EL PLAN ESTRATÉGICO DE LA SOCIEDAD
El Consejero Delegado toma la palabra para informar al Consejo de la marcha del plan estratégico de la Sociedad, haciendo especial hincapié en las inversiones que se van a efectuar a lo largo del presente año, así como las vías de financiación de las mismas.

Tercero.
ELECCIÓN DE NUEVO CONSEJERO PARA REEMPLAZAR A D. ....
Se realiza la votación entre todos los asistentes para elegir al nuevo Consejero con el fin de reemplazar a D. ... que cesa con fecha 12 de enero. Se elige por mayoría absoluta a D. ... como nuevo Consejero de la Sociedad.

Cuarto.
RUEGOS Y PREGUNTAS
Sin más asuntos que tratar, se levanta la sesión a las 12:00 horas.

V.º B.º EL PRESIDENTE   EL SECRETARIO

1.8.3. Informe. Es un documento resumen de la reunión. Suele contener los siguientes apartados: fecha, lugar, asistentes, contenidos, conclusiones, acuerdos, seguimiento y firma.

1.8.4. Informe económico. Este informe será realizado por el departamento financiero y contendrá el balance de gastos y beneficios finales en los que hayamos incurrido.

1.8.5. Seguimiento de acuerdos. Ya hemos visto que es fundamental realizar un seguimiento de los acuerdos adoptados en una reunión con el fin de lograr los objetivos previstos.

1.8.6. Archivo del dossier de la reunión. Para finalizar, guardaremos una copia del acta en la carpeta de documentos para la siguiente sesión y archivaremos otra copia junto al resto del dossier de la reunión en su correspondiente fichero.

EJERCICIOS DE AUTOEVALUACIÓN

1. Enumera cinco factores que contribuyan a la eficacia de una reunión.
2. Pon un ejemplo de una reunión descendente en la que los superiores permitan intervenir a los trabajadores con el fin de que aporten información.
3. ¿Es necesario hacer una buena preparación de una reunión de videoconferencia?. Razona tu respuesta.
4. ¿Por qué la organización de una reunión interna nos permite elaborar un presupuesto preciso?
5. ¿Qué tipo de mesa es más adecuada para fomentar la participación del grupo?
6. Enumera tres responsabilidades del presidente de la reunión.
7. ¿Es necesaria siempre la presencia de un experto en una reunión. Razona tu respuesta.
8. ¿Cuáles son las principales tareas del asistente de dirección el día de la reunión?
9. ¿Para qué sirve el acta de una reunión?
10. ¿Cuáles son los pasos para dar por finalizada una reunión?

INDICA SI LAS SIGUIENTES AFIRMACIONES SON VERDADERAS O FALSAS

1. Un moderador debe promover el enfrentamiento personal entre los participantes.
2. Los participantes a una reunión deben esperar fuera a que hagamos las comprobaciones pertinentes de la sala.
3. Se debe hacer un seguimiento posterior de todos los acuerdos adoptados en una reunión.
4. En el trascurso de la reunión debemos atender constantemente a todas las llamadas entrantes.
5. Definir claramente los objetivos de una reunión contribuye a que esta sea eficaz.
6. Las reuniones de información tienen como objetivo transmitir o recibir información sobre uno o varios temas.
7. Las reuniones más eficaces son las que se preparan en el último momento.
8. Debemos convocar a una reunión solamente a las personas a las que les compete la materia que se va a tratar.
9. El acta de una reunión es un documento muy importante porque ayuda al seguimiento de los acuerdos adoptados.
10. El día más adecuado para celebrar una reunión es un viernes por la tarde.

2. LA NEGOCIACIÓN

Introducción

En general, podemos definir la negociación como una eficaz herramienta mediante la que una o más partes tratan de llegar a acuerdos sobre conflictos que les atañen y conseguir un beneficio mutuo. Pese a no ser conscientes de ello, en nuestra vida diaria negociamos continuamente: con la familia, en pareja, en la compra o venta de un inmueble o un vehículo, etc. Por lo que respecta al mundo empresarial, la negociación es una acción que forma parte de su día a día ya que se negocia un contrato de suministros, un convenio colectivo, la mejora de las condiciones laborales, etc.

El profesional de la asistencia de dirección debe conocer los principios básicos de la negociación, ya que en su puesto tendrá que utilizarlos en variadas situaciones: por un lado, tendrá que negociar con diferentes proveedores que suministran los servicios necesarios para la organización de cualquier evento —imprentas, cátering, empresas de personal auxiliar, etc.— y por otro tendrá que negociar los horarios más adecuados para una reunión y las condiciones sobre la misma. En este último apartado también tendremos que negociar las condiciones que atañen a nuestros superiores. Por ejemplo, en cuestiones protocolarias, cuando se definen las precedencias en un evento —tanto organizado por nosotros como cuando el jefe acude como invitado—, de manera que encontremos una solución que nos beneficie a todos, otorgando a cada uno el puesto que le corresponde.

Caso práctico: queremos contratar un servicio de cátering para el cóctel que vamos a ofrecer con motivo de la celebración de la jubilación de uno de nuestros empleados. La empresa Art Noir Catering nos ofrece una serie de condiciones que no se ajustan a nuestras peticiones; sin embargo, puesto que esta empresa nos suministra el cátering desde hace años y la relación calidad-precio de sus productos y servicios es muy satisfactoria, debemos negociar dichas condiciones con el fin de llegar a un acuerdo que nos satisfaga a ambos y seguir manteniendo una buena relación comercial.

2.1. Elaboración de un plan de negociación

Con el fin de aprender a elaborar un plan de negociación de un modo correcto, en primer lugar debemos conocer los diferentes aspectos que contribuyen a que la negociación sea un éxito:

- Tener claros los objetivos que queremos alcanzar.
- Preparación exhaustiva.
- Rigurosidad.
- Habilidades personales: respeto, empatía, creatividad, asertividad, paciencia...

✓ **La agenda de la reunión.** La elaboración correcta de una agenda permite a los participantes preparar sus intervenciones con antelación, centra la discusión sobre los temas previstos y sirve de guión, tanto para el seguimiento de los temas, como para el respeto hacia los tiempos de cada intervención.

PUNTOS QUE DEBE INCLUIR LA AGENDA DE LA REUNIÓN

- Fecha, lugar y hora de comienzo.
- Temas que se van a tratar.
- Orden y tiempo previsto para cada intervención.
- Nombre de los participantes por cada parte.
- Pausas: cafés, almuerzo.
- Hora de finalización.

✓ **Lugar de celebración.** Otro de los aspectos fundamentales a la hora de realizar una reunión de negociación es la correcta elección del lugar donde tendrá lugar la misma. Al tratarse de reuniones complejas existen diferentes alternativas, que pueden influir en el resultado final:

- Reunión en nuestra sede.
- Reunión en la sede de la otra parte.
- Reunión en terreno neutral.

La reunión en nuestra sede nos otorgará ciertas ventajas: desde un punto de vista emocional, nos ofrece más seguridad el hecho de «jugar en casa»; tendremos a mano la información necesaria; podremos consultar alguna duda o sugerencia con algún experto de nuestra empresa; podremos elegir la sala que nos resulte más cómoda y, además, como ventaja adicional, el hecho de actuar como anfitriones nos permitirá ofrecer una buena organización a nuestros interlocutores y ganarnos su confianza.

Cuando la reunión se celebre en la sede de la parte contraria, las ventajas que nos favorecían, ahora benefician a la otra parte. Sin embargo, también nos permitirá presionarles con el fin de que hagan consultas necesarias y tomen una decisión sobre la marcha.

Las reuniones que se celebran en un lugar neutral ofrecen, como es obvio, la igualdad de condiciones para las partes. Ahora bien, una vez celebrada la primera reunión, si fuese necesario celebrar otras posteriores, se recomienda hacerlo en las sedes de cada empresa, de manera alternativa.

- ✓ **Horario.** El mejor momento del día es a primera hora de la mañana, pues las personas asistentes acuden más frescas y relajadas. Por el contrario, siempre que sea posible, debemos evitar que se celebre después del almuerzo o a última hora de la tarde.

- ✓ **Pausas.** Las pausas para cafés o el almuerzo son momentos en los que las partes negociadoras deben tratar de relajarse y crear una atmósfera más distendida entre ellas. El almuerzo debe ser ligero y, a ser posible, se evitarán vinos y bebidas con alcohol; la duración adecuada será de una hora o una hora y media.

- ✓ **Sala de reunión.** Antes de nada, hay que reseñar que cuando seamos los anfitriones, NUNCA debemos otorgarnos a nosotros mismos ninguna ventaja frente al adversario (por ejemplo, no debe haber privilegios a la hora de ubicar a los participantes). Al igual que para el resto de reuniones, la sala debe cumplir una serie de requisitos:

- Ser funcional y, al mismo tiempo, confortable.
- Luz y temperatura ambiental adecuadas.
- Excelente acústica.
- Amplitud adecuada: en función del número de asistentes, ni demasiado grande ni demasiado pequeña.
- Material de apoyo: retroproyector, ordenadores, teléfonos, etc.
- Sala privada adicional a disposición de los participantes, en caso de que la necesiten para sus deliberaciones.

✓ **Mesas.** Debe hacerse una elección correcta del tamaño y tipo de mesa, en función del número de participantes y de delegaciones. No olvidemos colocar en cada puesto el material de trabajo pertinente: bloc de notas, bolígrafos, clips, etc., así como los tarjetones de puesto de mesa.

TIPOS DE MESAS SEGÚN LAS DELEGACIONES PARTICIPANTES

- Cuando en la negociación intervienen solamente dos delegaciones, se recomienda utilizar la mesa rectangular simple, ubicándose una delegación enfrente de la otra; la anfitriona se colocará de espaldas a la ventana.
- Si acuden tres delegaciones, se utilizará la mesa en forma de herradura, presidida por la delegación anfitriona, en el centro exterior de la herradura.

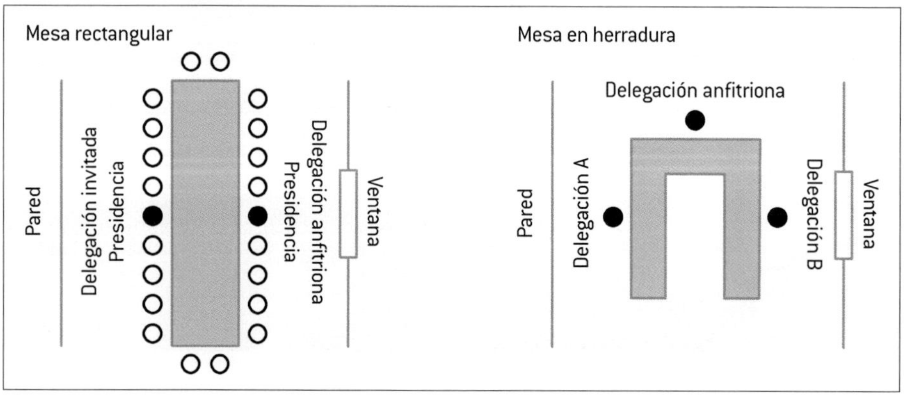

FUENTE: EL PROTOCOLO EN LOS NEGOCIOS, J. A. DE URBINA

Si participan cuatro delegaciones, se recomienda utilizar una mesa cuadrada. Si el número de delegaciones es superior a cuatro, se pueden utilizar, indistintamente, mesas circulares o rectangulares.

- Mesa para la firma del acuerdo. En una reunión de negociación de marcado carácter protocolario, la mesa debería contener los siguientes elementos: carpetas de piel, portaplumas, plumas y papel secante. Asimismo, cuando se trate de dos firmantes, se recomienda colocar una escribanía de plata en el centro. Respecto a la ornamentación floral, no se deben utilizar centros florales, ya que podrían restar seriedad al acto.

✓ **Documentación: notas de las reuniones de negociación.** Al final de cada reunión se debe elaborar un dossier que recoja los aspectos más relevantes de la misma. Dicho dossier nos permitirá recordar con precisión todo lo ocurrido durante la negociación, especialmente en caso de negociaciones complejas que requieran la celebración de reuniones posteriores.

Las notas deben ser concisas y claras y reflejarán, entre otros aspectos:

- Los puntos en los que hay coincidencia de opiniones y aquellos en los que las posiciones están más alejadas.
- La reacción de la otra parte ante nuestros planteamientos.
- Aspectos que parecen más relevantes para la otra parte.
- Preguntas pendientes de respuesta por parte de nuestra delegación, que deberán ser respondidas con la mayor brevedad posible.
- Decisiones adoptadas.

Cuando debamos acudir a una reunión de negociación en nombre de nuestro jefe o superiores, debemos:

- Tener claro el mensaje que vayamos a transmitir, así como los márgenes entre los que podemos movernos (máximos y mínimos que podamos aceptar).
- Mostrar seguridad y aplomo.
- No extralimitarnos en las atribuciones recibidas.

2.2. Tipos o niveles de negociación

Existen diferentes tipos de negociación:

✓ **Interpersonal**: la que tiene lugar entre las personas en su día a día —relaciones familiares, de pareja, con amigos, etc.—. Por ejemplo, los acuerdos a los que hay que llegar antes de proceder a la firma de un divorcio.

- ✓ **Empresarial**: dentro de esta existen diferentes modalidades de negociación: comercial, con proveedores y clientes; interna, negociaciones de mejora de contratos laborales; negociaciones colectivas, etc.

- ✓ **Política**: los diferentes partidos políticos de cada país negocian continuamente entre sí alianzas y apoyos. A nivel internacional, los países, cuando es necesario, negocian acuerdos de cooperación, de paz, de no agresión, etc.

2.3. Participantes

Dependiendo del número de participantes, la negociación puede hacerse:

- ✓ **Directamente**: cuando el motivo de la reunión afecta a un grupo pequeño de personas, la negociación se realiza directamente entre los interesados.

- ✓ **Con representantes**: la que se realiza cuando estos representan a un colectivo numeroso; para ello, las partes interesadas les otorgan capacidad decisoria.

- ✓ **Con conciliador**: en algunas ocasiones es conveniente la intervención de un elemento neutral. Por ello surge la figura del conciliador, que es una persona ajena a las partes interesadas que se interpone entre ellas y las anima con el fin de alcanzar un acuerdo.

2.4. Fases de la negociación

En general se puede decir que un proceso negociador comienza en el momento en que una de las partes pone en conocimiento de la otra su posición respecto a un punto en concreto **(PUNTO DE ARRANQUE)** y la otra parte discrepa, lo que les obliga a reunirse para negociar. En cualquier caso, en toda negociación existen diferentes etapas:

2.4.1. Preparación. Es el período previo a la negociación en el que se debe recopilar información y definir nuestra posición. Una preparación correcta conlleva dominar el tema y es un aspecto fundamental para conseguir el éxito en la negociación, así como un desarrollo ágil de la misma. Además, la persona negociadora que prepare de manera exhaustiva los temas se sentirá muy segura de sí misma y podrá adaptarse en todo momento a las circunstancias a lo largo de la reunión.

✓ **Obtención de información**. Se debe hacer un trabajo de investigación exhaustivo, con el fin de lograr la mayor cantidad posible de información, ya que, a mayor cantidad de información, más posibilidades tendremos de conseguir un mejor acuerdo. Dicha información puede buscarse en distintas fuentes: páginas web, informe anual de la empresa, Cámaras de Comercio, consultando a personas expertas, etc.

✓ **Diagnóstico de la situación**. Cuando hayamos recopilado la información necesaria, debemos analizar tanto nuestros puntos fuertes y débiles como los de la otra parte.

✓ **Valoración del poder de negociación**. Significa conocer con exactitud nuestro margen de maniobra: hasta dónde podríamos ceder, cuáles son los acuerdos que podríamos firmar y cuáles son los que requieren autorización de nuestros superiores, etc.

✓ **Fijación de objetivos**. Uno de los aspectos fundamentales para conseguir el éxito en cualquier negociación es tener muy claros los objetivos de la misma, por lo que debemos DEFINIR de manera MUY PRECISA los resultados que queremos alcanzar. Para ello, debemos:

- Clasificarlos según su importancia, de mayor a menor.
- Distinguir entre los objetivos que se proponen a la otra parte y aquellos que estaríamos dispuestos a aceptar. En este punto debemos distinguir entre un **resultado óptimo** —el mejor posible—, un **resultado aceptable** y un **resultado mínimo** —por debajo de este, no nos interesará cerrar un acuerdo—. Por ello, es muy importante prever alternativas en caso de que los objetivos anteriores sean inalcanzables.
- Contactar dentro de la empresa con los departamentos involucrados, para definir una postura común.
- Definir objetivos realistas y medios necesarios para alcanzarlos.
- Marcar plazos.

- ✓ **Planeamiento de la estrategia**. Debemos definir qué estrategias y tácticas vamos a adoptar.

2.4.2. Gestión. Comienza cuando las partes se sientan frente a frente y concluye cuando finalizan las deliberaciones, se haya llegado a un acuerdo o no. Las fases que comprende el desarrollo son las siguientes:

- ✓ **Creación de un clima agradable**. Es muy importante fomentar, desde el primer momento, un clima de confianza y sintonía entre las partes. Una vez logrado el ambiente, la negociación propiamente dicha comienza mediante la presentación de la oferta de una de las partes.

- ✓ **Avance y afianzamiento**. A continuación, comienza el intercambio de información, tanteando la posición de todas las partes para determinar las diferencias que les separan. En este momento, las partes tratarán de acercar posiciones defendiendo sus planteamientos, haciendo concesiones, planteando nuevos argumentos en contra de la otra parte, etc. Ahora bien, el desarrollo de una reunión de este tipo ha de ser gradual, por lo que la paciencia es un aspecto fundamental.

- ✓ **Replanteamiento de los objetivos**. A lo largo de la reunión se observa si se está avanzando según lo previsto, pero, de no ser así, tendremos que replantear los objetivos perseguidos. También puede ocurrir que se produzca un bloqueo en la reunión o que la reunión entre en **punto muerto**, en cuyo caso se deberían buscar diferentes soluciones tales como sustituir a alguno de los negociadores, hacer una pausa o buscar el asesoramiento de un experto.

- ✓ **Entendimiento**. Es el momento en el que todas las partes ya han acercado las diferencias de criterios, o estos entran dentro de unos márgenes precisos.

- ✓ **Acuerdo**. Momento en el que las partes alcanzan los objetivos previstos inicialmente en el proceso de negociación.

2.4.3. Cierre y documentación del acuerdo. Una negociación se puede cerrar con acuerdo o sin él, por ello, se dice que cuando todas las partes llegan a un acuerdo, se trata de una negociación que ha concluido con

éxito —también puede finalizar con ruptura, pero no es lo aconsejable—. Dicho acuerdo ha de quedar plasmado en un documento escrito y firmado por todas las partes, en el que figuren todos los puntos tratados y las condiciones acordadas, además de la «letra pequeña». Dependiendo del tipo de negociación, se consideran documentos de acuerdo: convenios colectivos y privados, tratados internacionales, contratos en general, formularios de pedido, etc. Un **TRATADO** es la forma escrita de un acuerdo alcanzado en una negociación de carácter político, sobre todo de carácter internacional; por ejemplo, el Tratado de Lisboa. Por su parte, un **CONVENIO** es típico de negociaciones de carácter empresarial.

2.5. Recursos psicológicos en la negociación

Para conseguir una buena negociación, es preciso tener determinadas habilidades sociales —o conjunto de comportamientos que facilitan las relaciones entre las personas—, entre otras:

- ✓ **Asertividad.** Se trata de una cualidad humana mediante la cual una persona es capaz de defenderse, de decir «no» y de actuar conforme a sus intereses sin atacar ni generar tensiones con la otra parte. La asertividad está en el medio de dos conductas opuestas: en un extremo estarían las personas agresivas y, en el polo opuesto, las personas sumisas.

- ✓ **Autoconocimiento.** El buen conocimiento de nosotros mismos nos permite adaptarnos a las diferentes situaciones y reaccionar de modo adecuado ante una situación desfavorable.

- ✓ **Autoestima.** La autoestima es fundamental porque nos proporciona seguridad en nosotros mismos y nos facilita la relación con los demás.

- ✓ **Las pequeñas cesiones.** Se deben hacer pequeñas cesiones por ambas partes, que consisten en ceder en algún aspecto de menor importancia, puesto que predisponen a concesiones de verdadera importancia para lograr el acuerdo final.

- ✓ **Las buenas maneras.** Son fundamentales para relacionarnos con los demás en cualquier situación. En una reunión de negociación son muy importantes, ya que contribuyen a restar tensión al encuentro y promover el buen entendimiento.

Por otra parte, un buen negociador debe cumplir ciertos requisitos:

- Habilidad para planificar.
- Habilidad para pensar con claridad bajo tensión.
- Inteligencia general práctica.
- Habilidad verbal.
- Conocimiento del producto o servicio.
- Integridad personal.
- Habilidad para percibir y explotar el poder (fuente: www.karras.com).

2.6. Análisis de los procesos y estrategias de negociación en la empresa

La ESTRATEGIA es el conjunto de acciones que adopta cada una de las partes. Existen cuatro posibles estrategias:

✓ **Ganar/Ganar**: se trata de una negociación de **cooperación**, ya que todas las partes salen beneficiadas tras haber conseguido buena parte de lo que pretendían; esta estrategia es la más recomendable de todas y es propia de las personas asertivas.

✓ **Ganar/Perder**: se trata de una negociación de **competición**, ya que se utilizan técnicas para buscar los puntos débiles de la otra parte y así vencer bajo presión y conseguir beneficios a costa de sus pérdidas, lo que imposibilita una colaboración abierta y productiva.

✓ **Perder/Ganar**: se trata de una negociación **mixta** en la que se combinan los dos tipos anteriores, aplicando conductas de cooperación y competición.

✓ **Perder/Perder**: todas las partes terminan derrotadas, por lo que la sensación general es de frustración. Lo recomendable es agotar todas las vías antes de llegar a la ruptura en una negociación.

En cuanto a las tácticas, existen dos tipos:

✓ **Tácticas de desarrollo**: no dañan la relación entre las partes, puesto que cada parte se limitará a aplicar la estrategia diseñada previamente, sin que ello supongo atacar a los otros —facilitar la información que nos resulte más conveniente para la otra parte, realizar la primera concesión o bien esperar que sea la otra parte quien la haga en primer lugar; intentar que la reunión tenga lugar en la propia sede, en la de la otra parte o en lugar neutral, etc.—. Estas tácticas son las más recomendables porque ayudan a encaminar la estrategia establecida antes de la reunión.

✓ **Tácticas de presión**: debido a la presión que ejercen ante el contrario, pueden dañar gravemente las relaciones entre las partes —intimidación, amenazas, tácticas engañosas, ultimátum, etc.—. Por ello, se debe evitar utilizar este tipo de tácticas, ya que, si bien a corto plazo puedan resultarnos beneficiosas, terminan ofreciendo una mala imagen.

2.7. Presupuestos y contratos

2.7.1. Presupuestos, implicaciones legales. Un presupuesto es un documento elaborado por un profesional o una empresa a raíz de la petición de un cliente, por el cual se le informa por anticipado acerca de los costes económicos y las condiciones del trabajo o servicio solicitados. Un presupuesto conlleva unas **implicaciones legales** ya que sirve como documento de aceptación de los acuerdos, compromisos y condiciones establecidos por ambas partes por lo que «el incumplimiento de cualquiera de los preceptos se considerará infracción en materia de protección al consumidor. Las infracciones se calificarán como leves, graves y muy graves y serán sancionadas con multa» (Fuente: normativa de consumo de las CC. AA. de Castilla y León).

El presupuesto debe detallar perfectamente todos y cada uno de los siguientes aspectos:

- Fecha de elaboración del presupuesto.
- Descripción detallada del servicio/s que se va a prestar.
- Plazos de entrega.
- Condiciones de pago.
- Descuentos, si los hubiera.
- Validez del presupuesto.
- Firma de la persona que elabora y autoriza el presupuesto.

2.7.2. Contrato de compraventa mercantil, de suministro, de servicios y de obra. Un contrato es un acuerdo privado entre personas, físicas o jurídicas, reconocido jurídicamente, que puede realizarse de modo verbal o por escrito. En un contrato de compraventa intervienen por un lado el vendedor y por otro el comprador.

Tipos de contratos

✓ **Contrato mercantil.** El Código de Comercio define como mercantil la compraventa de cosas muebles —aquéllas que se pueden trasladar, al contrario que los inmuebles— para revenderlas, bien en la misma forma que se compraron o bien en otra diferente, con ánimo de lucrarse en la reventa.

✓ **Contrato de suministro.** Tipo de contrato por el que una parte —suministrador—, se obliga a proporcionar cantidades de una cosa de forma periódica, atendiendo a las necesidades de la otra parte —suministrado— en todo momento. Se trata de un contrato único, pero su duración es continuada, por ejemplo: contratos de suministro de gas, telefonía, agua, energía eléctrica, etc.

✓ **Contrato de servicios.** Aquéllos cuyo objeto son realizar prestaciones en el desarrollo de una actividad o dirigidos a la obtención de un resultado distinto de una obra o un suministro. Un ejemplo de este tipo de contrato sería el de mantenimiento, conservación, limpieza y reparación de bienes, equipos e instalaciones.

✓ **Contrato de obra:** tipo de contrato por el cual un contratista se obliga a ejecutar una obra y entregarla.

2.7.3. Contenido del contrato. Cláusulas y aspectos más destacados de cara a la negociación. En todo contrato deben constar, como mínimo, los siguientes datos:

- **Nombre, apellidos y cargo** de los participantes, así como el nombre de empresa o entidad a la que hayan representado.
- **Acuerdos** adoptados.
- **Lugar y fechas** de entrega.
- **Formas de pago**, plazos y entidades financieras.
- **Duración del contrato** y **cláusulas** de renovación automática.
- **Garantías, avales** y tipos de **penalización** por incumplimiento.
- **Firmas** y **fecha**.

Cláusulas

La RAE define cláusula como cada una de las disposiciones de un contrato, tratado, testamento o cualquier otro documento análogo, público o privado. A continuación, se expone el contenido de un contrato tipo de compraventa, que incluye las **cláusulas** más importantes de cara a la **negociación.**

Madrid a (día) de (mes) de (año)

REUNIDOS

De una parte D. ..., mayor de edad, vecino de Madrid, con domicilio... N.º ... CP... con NIF... (parte vendedora).

De la otra Dª.... mayor de edad, vecina de Madrid, con domicilio.... N. º... CP... con NIF... (parte compradora).

Intervienen D. ... en representación de X, S. A. constituida con arreglo a derecho, con domicilio en... C/, N.º CP y NIF...

Dª. ... en representación de Y, S. A. constituida con arreglo a Derecho, con domicilio en... C/... N.º... CP... y NIF...

Ambos se reconocen con capacidad para celebrar el presente contrato de compraventa y con poder de representación,

EXPONEN

I. Que X, S. A., siendo propietario de los bienes objeto del contrato, los vende a Y, S. A.

II. Que Y, S. A., interesado en los bienes, por el presente contrato, los adquiere.

III. Que ambas partes se someten, por propia voluntad, a las siguientes cláusulas que regularán el contrato de compraventa.

CLÁUSULAS

Primera: el objeto del contrato está formado por diez armarios de oficina, modelo FALL H3.

Segunda: el precio total del objeto de compraventa es de tres mil setecientos cincuenta euros (3.750 €).

Tercera: el precio individualizado de cada armario es de trescientos setenta y cinco euros (375 €).

Cuarta: el vendedor se obliga a situar los bienes objeto de este contrato en la empresa de transportes Trans Express corriendo a su cargo los gastos de envío.

Quinta: el vendedor asumirá los riesgos del transporte y contratará el correspondiente seguro.

Sexta: el plazo de cumplimiento de la obligación constituida en la cláusula cuarta será de cuatro semanas a partir de la fecha de celebración del contrato.

Séptima: el vendedor declara haber recibido la totalidad del importe de la venta, sirviendo este documento como carta de pago.

Octava: los gastos ocasionados por el incumplimiento de una de las partes correrán de su cuenta, abonando a la otra parte, todos aquellos en los que incurran en defensa de sus intereses antes los tribunales.

Novena: ambas partes se someten a los juzgados y tribunales de Madrid.

Y, en conformidad con lo expuesto, ambas partes firman el presente documento por duplicado, a un solo efecto, en lugar y fecha antes indicados.

Vendedor *Comprador*

EJERCICIOS DE AUTOEVALUACIÓN

1. Enumera tres elementos que contribuyan a que la negociación sea un éxito.
2. Cita algunas ventajas de celebrar la reunión en nuestra sede.
3. ¿Qué material de oficina se suele utilizar en la sala de la reunión?
4. ¿Qué pasos se siguen en la preparación de la negociación?
5. ¿Qué recursos psicológicos pueden ayudar en la negociación?
6. ¿Qué tipos de negociación existen?
7. ¿Qué tipo de mesa es recomendable en una negociación a la que acuden tres delegaciones?
8. ¿Qué información debe recogerse en las notas de las reuniones?
9. ¿Cuál es la duración más apropiada para el almuerzo como la pausa de una reunión?
10. Enumera los datos básicos que debe contener un contrato.

INDICA SI LAS SIGUIENTES AFIRMACIONES SON VERDADERAS O FALSAS

1. Uno de los puntos que debe incluir la agenda de la reunión es el orden y tiempo previsto para cada intervención.
2. Las notas del dossier de una reunión deben tener la mayor extensión posible.
3. La fijación de objetivos forma parte de la fase del cierre del acuerdo.
4. La estrategia de Ganar/Perder se utiliza en una negociación mixta en la que se aplican conductas de cooperación y competición.
5. Un contrato es un acuerdo privado entre personas físicas o jurídicas reconocido jurídicamente y que puede realizarse de modo verbal o por escrito.
6. Las mesas para la firma del acuerdo no deben contener ningún tipo de ornamentación floral.
7. El acuerdo es el momento en el que todas las partes ya han acercado las diferencias de criterios.
8. Una negociación colectiva es una negociación de tipo empresarial.
9. La asertividad es una cualidad humana mediante la cual una persona es capaz de defenderse; de decir «no» y de actuar conforme a sus intereses sin atacar ni generar tensiones con la otra parte.
10. Un contrato mercantil es aquel por el que un contratista se compromete a ejecutar una obra y entregarla.

3. ORGANIZACIÓN DE EVENTOS

Introducción

Ya conocemos la importancia que tiene la organización de eventos empresariales, especialmente por tratarse de una fabulosa herramienta de proyección externa de nuestra imagen corporativa. En este epígrafe vamos a exponer los eventos corporativos más usuales y sus pautas de organización, que servirá a los asistentes de dirección como guía para afrontar con éxito la preparación de cualquier evento o para su supervisión, en caso de que la organización se subcontrate a alguna empresa especializada.

3.1. Objetivos

Cuando nos planteamos la celebración de un evento, sea del tipo que sea, tenemos que preguntarnos qué objetivos persigue y cuál es su naturaleza. ¿Se trata de un acto público oficial, un acto público no oficial o un acto privado? En función de las respuestas, su organización será diferente.

3.2. Presupuesto

Una vez hayamos definido las necesidades del acto, procederemos a elaborar el **presupuesto**, ajustándonos a la partida asignada por el departamento financiero para la celebración de eventos. Debemos tener en cuenta que cuando alquilemos objetos valiosos como tapices, obras de arte, alfombras, equipos técnicos, etc., tendremos que contratar una **póliza de responsabilidad civil**, cuyo coste añadiremos al presupuesto.

3.3. Tipos de eventos atendiendo a su ámbito

3.3.1. Congresos y conferencias

CONGRESOS. Los congresos son reuniones a gran escala de carácter nacional o internacional, dirigidas a un sector determinado y con una duración de tres a cinco días. Su objetivo es la divulgación de ideas y su contenido se centra en la exposición de temas, organización de grupos de trabajo, debates, contraste de opiniones y conclusiones. Debido a la enorme envergadura y logística que conlleva la organización de un congreso, ésta debe hacerse, como mínimo, con un año de antelación. Además, siempre debemos contar con expertos que asesoren al comité organizador en la realización de una correcta planificación: naturaleza, objetivos, participantes, sede, fechas, imagen, patrocinio, medios humanos, etc.

En la web http://www.opcspain.org/ encontrarás toda la información sobre los Organizadores Profesionales de Congresos en España.

- **Ingresos**. Pueden provenir de diferentes fuentes como subvenciones oficiales, derechos de inscripción, cuotas de congresistas, aportaciones de entidades privadas, venta de publicaciones escritas o gráficas, etc.

- **Documentación**: Es muy variada y consta de: boletines de inscripción, avance del programa, notas de prensa, programas, invitaciones para la apertura y la clausura de los diferentes actos sociales, carpeta del congresista, acreditaciones, etc.

✓ **Primera fase de preparación**
- Elección de fechas y lugar de celebración.
- Petición de los permisos pertinentes: subvenciones, cesión de las instalaciones, etc.
- Elaboración de las listas de autoridades, invitados y colaboradores.
- Petición de la Presidencia de Honor; designación del Comité de Honor y del Comité Científico de sus ponentes. Designación del Comité Ejecutivo.
- Convocatoria del congreso y envío del programa.
- Montaje de la infraestructura.
- Diseño de impresos y logotipo.

✓ **Segunda fase de preparación**
- Designación definitiva del Comité de Honor y del Ejecutivo.
- Elaboración de la lista oficial de ponentes, congresistas e invitados.
- Rueda de prensa.
- Conformidad de asistencias.
- Preparación de carpetas, documentación y credenciales para los congresistas, ponentes y personal de la organización.
- Envío de invitaciones oficiales a las autoridades.
- Redacción de instrucciones para el personal y ensayo general.

- ✓ **Protocolo**. En todo congreso se celebran tres tipos de actos:
  1. Oficiales: apertura, clausura del congreso.
  2. Específicos: actos propios del congreso.
  3. Sociales: actos para agasajar a los asistentes: vinos de honor, ágapes, exposiciones, etc.

- ✓ **Inauguración**
  - La autoridad que preside el acto concede la palabra al secretario del congreso, quien procede a comentar su contenido, horarios, principales ponentes, etc.
  - Saludo del presidente del congreso a los congresistas y, por último, la autoridad que preside el acto lo da por inaugurado. Una vez finalizado el acto inaugural, se retira la mesa presidencial y se inicia la primera ponencia.

- ✓ **Desarrollo**
  - Si asiste alguna autoridad, se efectuará un alto en las sesiones y se situará en la presidencia, junto al Presidente del congreso y el ponente de turno.
  - Durante el desarrollo del congreso hay dos tipos de actos: los culturales —ponencias, reuniones de trabajo, conferencias, etc.— y los sociales, —excursiones, comidas, visitas, etc.—.

- ✓ **Clausura**
  - Se realiza en el mismo orden que la inauguración, con la diferencia de que al final se sirve un vino de honor o un banquete.

Conferencias. A nivel genérico se define como una reunión donde se tratan asuntos de interés general, aunque la mayor parte de las veces consiste en debates sobre temas políticos al más alto nivel, por lo que su organización —que requiere un alto dominio de las normas protocolarias nacionales e internacionales—, recaerá sobre el gobierno anfitrión. Asimismo, en la organización se presta una especial atención a la seguridad, mediante un exhaustivo control sobre los sistemas y los equipos humanos y materiales.

3.2.2. VISITAS GUIADAS, DE DELEGACIONES EXTRANJERAS Y DE OTRAS EMPRESAS O INSTITUCIONES. En primer lugar, hay que dejar claro que los motivos para realizar visitas a las empresas son muy variados y su organización dependerá siempre del motivo de la visita así como del tipo de asistentes a la misma. Un requisito fundamental para lograr el éxito de este tipo de eventos es lograr la **homogeneidad del grupo**, ya que dependiendo de cada caso, nos interesará más destacar unos puntos de interés que otros; por ello, al planificar la visita se tendrá en cuenta el perfil del grupo, ya que nos permitirá concretar el modelo de protocolo que se debe aplicar.

Existen diferentes tipos de **visitas guiadas** a la empresa: las que realizan los altos ejecutivos de delegaciones extranjeras —en el caso de las multinacionales—; las visitas que efectúan los diferentes miembros de **otras empresas del sector o instituciones**; visitas de clientes y proveedores, etc. Otro tipo de visitas que cada vez son más habituales, sobre todo en las grandes empresas, son las «jornadas de puertas abiertas» para el **público en general**.

✓ **Factores que debemos tener en cuenta**

- Definir el recorrido que sea más cómodo para los visitantes.
- Comprobar: seguridad, altavoces, sanidad, oficina de información, controles y credenciales, señalización de recorridos, y por supuesto, que las instalaciones se encuentren en perfecto estado de limpieza y funcionamiento (por ejemplo, en fábricas donde se va a hacer demostración de una máquina).
- Señalar los lugares que sean de mayor interés para los visitantes o que más interese destacar a la empresa.

- Organizar la llegada y acceso de los visitantes en grupo, de forma que se eviten aglomeraciones y desórdenes.
- Durante la organización de la visita se designarán las personas de la empresa que acompañarán o intervendrán en la misma.
- Definir itinerarios, espacios que se van a visitar, medidas de seguridad, servicios médicos, etc.
- Determinar la ornamentación del recorrido: elementos de jardinería, banderas, enseñas, etc.
- Elaborar un folleto informativo para regalar a los invitados.
- Es fundamental convocar una rueda de prensa e invitar a diferentes medios para lograr la máxima difusión del evento.

✓ **Desarrollo**

- Envío de las invitaciones con el correspondiente programa: fecha, horario de actividades, punto de reunión, medios de transporte, mapa de acceso, etc.
- La visita comienza con la recepción de los visitantes, para lo cual tendremos en cuenta la ordenación jerárquica de los miembros de la empresa.
- A medida que lleguen los invitados se les acompañará a una sala donde esperarán a que lleguen los demás; en dicha sala serán atendidos por el personal designado para tal fin. Una vez reunidos todos, puede ofrecerse una breve proyección audiovisual informativa y se presentará a la persona o personas que harán de guía.
- El itinerario se diseñará de acuerdo con la finalidad de la visita, acompañado siempre de personal que irá informando respecto a cuanto se vaya viendo y contestando a las preguntas que puedan formular los visitantes.
- Finalizado el recorrido, los visitantes volverán a la sala donde fueron recibidos al principio, donde se ofrecerá un vino de honor y donde la persona que haya acompañado a la visita, tomará la palabra para agradecerles su asistencia. Si tenemos prevista la entrega de regalos, el momento adecuado será al finalizar el vino de honor.
- Una vez concluida la visita, tendrá lugar la despedida de los asistentes en la puerta del recinto.

✓ **Medios de comunicación**. Cuando la visita sea relevante, debido a la asistencia de una autoridad, una personalidad o un grupo numeroso, se debería entregar una nota de prensa a los periodistas que hayan asistido y remitirla también a los medios de comunicación interesados.

3.3.3. INAUGURACIONES. Una inauguración es un acto simbólico mediante el cual comienza la andadura oficial de una empresa, institución, o un edificio relevante —hospital, colegio, polideportivo, etc.— tras la conclusión de la obra.

✓ **Invitados.** Su elección dependerá del alcance del local o instalación que vaya a ser inaugurado, por lo que se precisará invitar a autoridades o no; respecto a los invitados generales, seguiremos el criterio de los intereses específicos de la empresa.

✓ **Presidencia.** Este tipo de acto requiere una presidencia de pie, que se formará en el lugar donde vayan a ser recibidas las autoridades y otros invitados. Por ejemplo, para recibir al presidente de la Comunidad, se formará una fila oficial de salutación de autoridades —por su respectivo orden de precedencias— y otra fila de miembros de la empresa con el presidente de la misma a la cabeza.

Desarrollo de una inauguración a la que acude como máxima autoridad el/la presidenta de la comunidad

- Recibimiento del presidente de la empresa a las autoridades invitadas y presentación de los miembros de la empresa asistentes.
- Recepción del Presidente de la empresa al Presidente de la Comunidad Autónoma. Saludos de éste al resto de autoridades presentes y presentación de los miembros de la empresa.
- Terminado el recibimiento y las presentaciones acceden todos al salón X, en el que ya se encontrarán el resto de los invitados, a quienes saludará el presidente de la Comunidad. En esta sala estarán expuestas las maquetas y paneles de lo que va a ser inaugurado. El Presidente de la empresa explicará su contenido al Presidente de la Comunidad.
- El anfitrión, situado a la izquierda de la máxima autoridad durante todo el recorrido, encabeza la visita a las instalaciones junto al presidente de la Comunidad y resto de autoridades.
- El Presidente de la Comunidad descubre la placa conmemorativa, que deberá contener la fecha de inauguración y el nombre

del Presidente o Presidenta de la Comunidad que vaya a inaugurar. A continuación, breve parlamento de agradecimiento a las autoridades por parte del Presidente de la empresa.

- Una vez concluida la visita, el Presidente de la Comunidad firmará en el libro de honor en el despacho del Presidente de la empresa —debemos prever una buena ubicación de los fotógrafos—.
- Vino de honor y breve discurso del presidente de la Comunidad a quien contestará el Presidente de la empresa con unas palabras de agradecimiento a todos los asistentes.
- Despedida de las autoridades por parte del Presidente de la empresa en la puerta donde fueron recibidas.

✓ **Medios materiales**

- Banderas y mástiles.
- Centros florales.
- Bolardos y cordones.
- Libro de honor y pluma especial.
- Placa conmemorativa y cortinilla: la placa debería contener un texto similar a éste: «Estas instalaciones fueron inauguradas el día... de... de... por el/la Excmo. Sr. Pte. de la Comunidad, D. ...».
- Imprenta.

3.3.4. ANIVERSARIOS. El aniversario de la fecha de fundación de una empresa se celebra mediante un acto conmemorativo, que suele consistir en un acto institucional con asistencia de autoridades y el descubrimiento, mediante un tirador, de una placa conmemorativa.

✓ **Presidencia**. En la empresa el anfitrión puede ceder la presidencia a alguna autoridad. Respecto a los invitados, hay que definir quiénes formarán parte de la presidencia y establecer el orden de precedencias del resto.

✓ **Desarrollo**

- Recepción de los invitados y colocación según precedencias establecidas. Si acude una alta autoridad, el anfitrión, junto a los miembros de la presidencia, le recibe y le acompañan a ocupar su lugar.
- Una vez ubicados al lado de la placa conmemorativa, el anfitrión y el resto de componentes de la presidencia —que se colocarán

de izquierda a derecha del anfitrión—, se situarán de frente a la prensa gráfica, para que éstos puedan inmortalizar el momento.

- Discursos de los miembros de la presidencia, de menor a mayor rango. Para este fin, se utilizará un atril situado al lado de la placa, provisto de un micrófono de pie.
- Al finalizar los discursos, el presidente del acto descubre la placa conmemorativa descorriendo la cortinilla.
- Vino de honor en una sala contigua.
- Una vez finalizado el vino de honor, todos los miembros de la presidencia despedirán a la alta autoridad y al resto de invitados ubicados de la misma forma que en la bienvenida.

3.3.5. ENTREGAS DE PREMIOS. En el mundo empresarial, la entrega de premios más habitual es la de DISTINCIONES EMPRESARIALES, un acto solemne en el que se entrega una distinción para premiar la labor de las personas que trabajan en la empresa o que hayan sobresalido en el ejercicio de actividades relacionadas con la misma. Suelen consistir en una medalla o una insignia de la entidad acuñadas en metal precioso, o bien una placa de plata acreditativa de la concesión y un trofeo simbólico por los méritos contraídos.

✓ **Pasos previos**

- Elección de los premiados.
- Elección del lugar, fecha y hora de celebración.
- Elaboración de la lista de invitados.
- Determinar la presidencia.
- Elaboración del orden del día.

✓ **Invitados**

- Altos cargos de la entidad.
- Secretario.
- Autoridades relacionadas con la actividad que justifique la distinción.
- Empleados de la entidad.
- Acompañantes del premiado/s.

✓ **Documentación**

- Cartas y saludas a las autoridades.
- Carta personalizada a los premiados en la que se les comunica el acuerdo de concesión de la distinción.

- Rótulos para la mesa presidencial.
- Guiones para el Presidente del Consejo, componentes de la presidencia, premiados y personal auxiliar.
- Listado de premiados para el secretario.

✓ **Habilitación del local**
- Colocación del cartel del acto tras la mesa presidencial.
- Colocación de banderas y enseñas corporativas.
- Colocación de tarjetas personales y copia del orden del día en la mesa presidencial.
- Colocación de las tarjetas de puesto de los premiados en las primeras filas de la sala.

✓ **Desarrollo**
- Recepción de los invitados por el presidente de la entidad, que estará acompañado por el Vicepresidente o de otro miembro del Consejo o Junta.
- Acceso de los invitados al salón.
- Los homenajeados y los componentes de la presidencia esperan en otra sala desde la que se trasladarán al salón de actos, una vez hayan accedido todos los invitados.
- Apertura del acto por el Presidente de empresa o entidad.
- Lectura por el Secretario del Consejo o de la Junta de los acuerdos de concesión de las distinciones.
- Lectura de un resumen del currículum de los premiados.
- El Secretario llama uno a uno a los premiados quienes, paulatinamente, van recogiendo su galardón.
- Intervención de uno de los premiados, que hablará en nombre de todos.
- Discurso de la máxima autoridad y clausura del acto.
- Una vez concluida la sesión, el Presidente invitará a los homenajeados a firmar en el Libro de Honor de la empresa en otro salón.
- Mientras tanto, los invitados estarán en un salón contiguo al principal, donde se servirá un cóctel.
- Entrega de un dossier a los medios que hayan acudido a cubrir el evento. Dicho dossier incluirá un resumen con los discursos de las personas que hayan intervenido y fotos del acto.

3.3.6. ASAMBLEAS. Se trata de un tipo de reuniones periódicas en las que el Consejo de Administración convoca a sus socios o accionistas con el fin de informar, analizar resultados, repartir dividendos o resolver problemas. Hay que reseñar que las pautas para la organización de las Asambleas Generales de cualquier asociación son prácticamente iguales, con las debidas adaptaciones, a la organización de las Juntas Generales de Accionistas, que conoceremos en detalle más adelante.

3.3.7. EXHIBICIONES COMERCIALES O FERIAS –TEMPORALES O PERMANENTES–

Una feria de muestras es una exhibición comercial de gran envergadura, por lo que requiere un sinfín de preparativos. Otro tipo de exhibiciones comerciales, aunque de menor tamaño, serían las degustaciones de productos, los desfiles de moda, salones de automóviles, etc. Dependiendo de su periodicidad, las ferias de muestras pueden ser temporales o permanentes.

✓ **Aspectos generales**

- Su duración oscila entre los diez y quince días. Su organización y convocatoria corresponde a las Cámaras Oficiales de Comercio, con la colaboración del Ayuntamiento del lugar. El Comité organizador está formado por representantes de los citados departamentos y organismos.
- Pueden ser nacionales o internacionales y de carácter general o monográfico. Se organizan con un año de antelación debido a que requieren una organización muy compleja y prolífica: numerosos actos paralelos, gran afluencia de asistentes, muchos stands, etc.

- Al elegir las fechas debemos tener en cuenta la disponibilidad de autoridades y personalidades para la inauguración de la misma.
- Lugar de celebración —aunque en numerosas ciudades ya existen los llamados «recintos feriales»—.
- Búsqueda de fuentes de financiación.
- Trabajos administrativos: adjudicación de obras, firma de contratos, obtención de licencias municipales y de servicios públicos, apertura de stands, etc.
- En caso de ferias de carácter general, preparar diseños de itinerarios por sectores: industria, hostelería, automóvil, etc.
- Diseño y montaje del espacio de pabellones y stands, que conlleva el alquiler de mobiliario para ferias: mesas, sillas, moqueta, neveras, iluminación, etc.
- Mucha atención a los medios de comunicación para lograr la máxima proyección.
- Debemos tener muy en cuenta el tema de accesos, señalizaciones, aparcamiento, así como los parkings reservados para la organización.
- Debido a la gran afluencia de público, la seguridad se convierte en un aspecto fundamental, así como la presencia de equipos médicos y sanitarios.
- Montaje de oficinas de información: ferial, de turismo, alojamiento, etc.
- Cátering, floristería, regalos, imprenta, etc.

✓ **Invitados**

Pueden ser de dos clases:

1. **Autoridades**. Se les invita a acudir el día de la inauguración. Además, también se invitará a aquellos directivos de instituciones o empresas que, directa o indirectamente, tengan relaciones con otras que concurran a la feria.
2. **Público en general**. Se les invita para visitar el recinto ferial al mismo tiempo que se le remite el pase que les permite la entrada.

✓ **Protocolo**

El protocolo en sí es sencillo, ya que atañe a tres aspectos bien definidos:

1. **Acto de inauguración**. Excepto en caso de asistencia una autoridad muy relevante, su carácter no es tan solemne como otros actos públicos. Suele consistir en el recibimiento por parte del Presidente del Comité Organizador y sus miembros a las autoridades invitadas, acompañándoles en la visita al recinto ferial, tras la cual se suele celebrar un vino español.
2. **Desarrollo diario**. No existe protocolo formal, excepto en caso de asistencia de alguna autoridad o personalidad relevante.
3. **Clausura**. Si acude alguna autoridad se celebrará un acto de clausura pero, por lo general, ese día no se celebra ningún tipo de acto protocolario.

3.3.8. COLOCACIÓN DE PRIMERA PIEDRA. Se trata de un acto simbólico que marca el comienzo oficial de una obra relevante —polideportivos, hospitales, juzgados, etc.—, por lo que suele contar con la presencia de una o varias autoridades.

✓ **Necesidades materiales**

- Plataforma en torno a la primera piedra.
- Ornamentación: astas, banderas, mástiles, cordones, bolardos.
- Mesa cubierta con mantel blanco.
- Un recipiente con cemento y una paleta.
- Mesa auxiliar para la firma del acta.
- Acta de la ceremonia.
- Tubo de metal —de hierro, cobre o plata—, que quedará cerrado herméticamente conteniendo periódicos del día, monedas en curso y copia del acta.
- Carpa que albergará la exposición de las maquetas de la obra y donde se celebrará el vino de honor.
- Megafonía.
- Cátering.

✓ **Preparativos**

- Elaboración del programa del acto.
- Presupuesto.
- Invitaciones.
- Rueda de prensa.
- Adecuación del terreno y ornamentación del lugar para el acto.

✓ **Prensa**

Se acordonará un acotado para que los medios puedan desarrollar correctamente su trabajo, de frente al hoyo donde se vaya a introducir la urna.

✓ **Desarrollo del acto**

- Recepción de los invitados por parte del anfitrión.
- Llegada y recepción de la máxima autoridad.
- Firma del acta por parte de las autoridades seleccionadas para tal fin, así como del arquitecto y el contratista.
- A continuación, el anfitrión —o la máxima autoridad— introducirá en el tubo el periódico del día, las monedas y el acta.
- Tras la orden del arquitecto para efectuar el descenso de la piedra, el anfitrión entregará la paleta a la primera autoridad con el fin de que eche un poco de mortero que cubrirá la tapa que cierra el orificio donde previamente se ha introducido el tubo de metal.
- Seguidamente, todos los firmantes del acta realizan la misma operación.
- Visita a los planos y maquetas, por lo general, situados dentro de la carpa; las explicaciones corren a cargo del arquitecto.
- Parlamentos por parte de la primera autoridad, anfitrión y resto de personalidades, por orden de menor a mayor jerarquía.
- Vino de honor.
- Despedida de las autoridades y resto de invitados.

3.3.9. BOTADURAS DE BARCOS. Este acto se regirá por las normas previstas para el ceremonial marítimo en las Reales Ordenanzas, debiendo distinguir previamente si se trata de una unidad de la Marina Mercante o de la Armada. En este último caso, será la autoridad correspondiente, dentro de la jurisdicción castrense, quien efectúe la invitación.

✓ **Ordenación de invitados.** La ordenación de las autoridades en la tribuna se organizará siguiendo el RD 2099/83. Es fundamental que el jefe de protocolo de la parte civil actúe conjuntamente con el jefe de protocolo de la autoridad naval responsable del acto.

✓ **Madrina**. Si la botadura es de carácter nacional, presidirá el acto la esposa del Jefe de Estado o la de la persona que ostente su representación, acompañada de las primeras autoridades, civiles y militares. En las ceremonias de carácter civil, el planteamiento es del armador, lo que implica que la madrina será su esposa o una de sus hijas, excepto cuando el buque sea destinado a una empresa importante, en cuyo caso se suele invitar a la esposa del Presidente del Gobierno o a la del Ministro de Industria para que lo amadrine.

✓ **Medios**. Se aconseja una rueda de prensa e invitación a diferentes medios de prensa escrita, radio y TV.

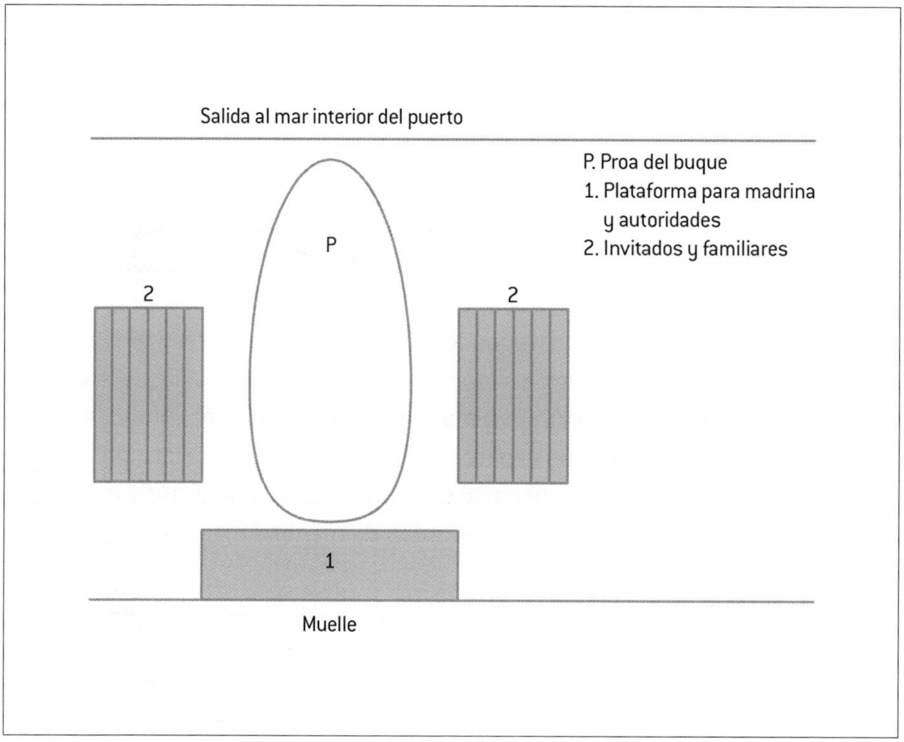

✓ **Desarrollo del acto**. A su llegada, los invitados serán acompañados a las plataformas correspondientes. En caso de asistencia de autoridades militares, con tropa formada, se darán los toques de ordenanza.

- El acto comienza con la bendición del buque por el parte del sacerdote.
- La madrina, acompañada de la autoridad organizadora —civil o castrense—, se adelanta a la proa del barco; en este momento, el director del astillero le hace entrega de un hacha especial para el corte de las amarras.

- Cuando el barco se desplaza hacia las aguas del puerto, la madrina estrella contra el casco lateral de proa una botella de cava colgada en un lateral con una cinta con los colores nacionales.
- Interpretación del himno nacional o música solemne.
- Una vez finalizado el acto, el anfitrión acompaña a sus invitados en comitiva a un lugar cercano donde se ofrece un vino de honor. Hay que reseñar que en un acto civil la organización ofrece un almuerzo a los miembros del Consejo de Administración, al director y los jefes del astillero, así como a otras personas que hayan tenido relación en la construcción del barco.

3.3.10. JUNTA DE ACCIONISTAS. Las Juntas Generales de Accionistas se celebran cada año, o con la frecuencia que establezcan sus Estatutos Sociales, siendo su finalidad la de dar cuenta de la gestión realizada por los administradores y aprobar las cuentas del ejercicio anterior. Debido al gran número de asistentes y el trabajo administrativo que requieren, es necesario seguir unas normas protocolarias, siendo aconsejable, además, ofrecer una rueda de prensa cuando se trata de Juntas de empresas u organismos muy relevantes.

✓ **Habilitación del local**. Tanto si se celebra en las dependencias de la empresa como en un local externo, debemos prestar mucha atención a todos los detalles: luz, micrófonos, calefacción, ventilación, ornamentación, personal de mantenimiento, etc. En estos eventos es fundamental resaltar nuestra **imagen corporativa**; por ello, debemos colocar el panel corporativo tras la mesa presidencial, que incluirá el logo de la empresa y su nombre comercial, así como el año del ejercicio.

✓ **Desarrollo**. Recepción, acreditación y entrega de documentación a los miembros del Consejo de Administración.

- Recepción, acreditación y entrega de la documentación pertinente para seguir la Junta General al resto de los accionistas.
- Control de seguridad a la entrada.
- Colocación de los componentes de la presidencia.
- Orientación al resto de asistentes para que ocupen su lugar.
- Celebración de la Junta General con arreglo a la orden del día establecida por el Presidente. Lectura de documentos y parlamentos.
- Finalización de la Junta General con unas palabras del presidente.

- ✓ **Personal auxiliar**. Dependiendo del número de asistentes variará el número de azafatas aunque, a modo de orientación, debería haber una persona en los puestos de acceso al local, otra en el puesto de entrada de los consejeros, una más en el puesto de recepción de los accionistas y entrega de documentación y, por último, una azafata en la mesa presidencial.

- ✓ **Documentación**. Acreditaciones y documentación para seguir la Junta para los asistentes, accionistas o representantes.
  - Rótulos para la colocación de la presidencia.
  - Guión para el Presidente del Consejo de Administración y para los componentes de la presidencia.
  - Guión para el personal auxiliar.

3.3.11. SEMINARIOS, FOROS Y SIMPOSIOS. Este tipo de eventos que organizan las empresas tienen un carácter formativo y en ellos se comparten y debaten datos, información, opiniones, etc.

Un **FORO** es una reunión de carácter informal en la que un grupo de personas trata un tema de interés específico. Su duración es, como máximo, de medio día y los participantes no deben sobrepasar de veinte.

Por su parte un **SIMPOSIO** es una reunión en la que dos o más expertos exponen sus puntos de vista sobre un tema determinado, permitiendo la participación activa de los asistentes. Su duración es de dos días como máximo y no suelen requerir ningún protocolo especial.

En este apartado vamos a conocer cómo se organiza un seminario, aunque se debe tener en cuenta que la organización de este tipo de eventos es similar a la de foros y simposios.

- ✓ **Seminarios**. En este tipo de reuniones de carácter formativo, además de cumplir los objetivos de trabajo, se busca que los asistentes estrechen lazos entre sí, por lo que se suelen programar actividades encaminadas a establecer relaciones de compañerismo. Por lo general se celebran fuera de la sede la empresa y su duración oscila entre un día y una semana.

✓ **Desarrollo**. Debido a la naturaleza de este evento, apenas existe protocolo formal, por lo que debemos evitar las presidencias en almuerzos y cenas. Para ello, se recomienda la utilización de mesas redondas ya que disimulan las jerarquías.

- En la mañana del primer día tendrá lugar la recepción de los asistentes y la entrega de documentación; una vez instalados en la sala, se procederá a la **inauguración** del acto.
- En el segundo día se reúnen los grupos de trabajo e intervienen los participantes externos, por lo que no hay necesidades protocolarias, aunque podría ofrecerse un cóctel invitando a algunas autoridades y medios de comunicación.
- La mañana del tercer día se dedica a la exposición y debate de las conclusiones de los grupos de trabajo ante los directivos responsables del seminario. Por la tarde, se presentan las conclusiones definitivas de los grupos de trabajo y se entrega el documento final. A continuación se celebra el **acto de clausura** que será presidido por algunos directivos de la empresa. En este caso, siempre y cuando no se hubiera celebrado el cóctel

en el día anterior, sería factible invitar a la clausura a alguna autoridad local y a algunos medios para cubrir el acto.

3.3.12. RUEDAS Y COMUNICADOS DE PRENSA. La rueda de prensa se celebra para dar a conocer una noticia o difundir una actividad de la empresa que sea de interés público. Debemos disponer de un lugar de celebración adecuado, con capacidad suficiente para albergar a todos los periodistas convocados y que disponga de las necesidades técnicas necesarias para el buen desarrollo de la misma.

✓ **Consejos para organizar una rueda de prensa**

- En función del acto que organicemos y los objetivos que queramos alcanzar, elaboraremos una lista de los medios que nos interesa convocar. Debemos tener en cuenta que a mayor número de medios convocados, mayor será la proyección del evento.
- Solo se debe convocar una rueda de prensa cuando haya algo que decir; en caso contrario, recurriremos a la **nota de prensa**.
- Debemos mostrar que todos los medios tienen la misma importancia para nosotros, sin discriminaciones ni favoritismos.
- La convocatoria se realiza, por lo general, con tres días de antelación mediante una nota de prensa que incluya motivo, fecha, hora y lugar y quién ofrece la rueda de prensa.
- Las asistencias se deben confirmar por teléfono el día anterior.
- Las horas más aconsejables son las 12:00 horas o las 16:30-17:00 horas, debido a que los periodistas tendrán tiempo a incluirlas en los informativos.
- Debemos evitar que coincidan con otro acto social de relevancia y nunca las celebraremos durante el fin de semana
- Antes del inicio, comprobaremos el lugar donde se va a desarrollar la rueda: megafonía, luz adecuada, tomas suficientes de corriente, etc. y nos ocuparemos de colocar en la mesa los tarjetones con los nombres del/ los intervinientes.
- Al ornamentar la sala, debemos dar una especial relevancia a nuestra **imagen corporativa**.
- El número más conveniente de personas en la mesa es entre tres y cinco como máximo.
- Debemos recibir personalmente a los periodistas y anotar el nombre del medio al que pertenecen. Asimismo, debemos facilitarles un dossier sobre el tema que se vaya a tratar para ayudarles en su trabajo.

- Al día siguiente nos ocuparemos de comprobar los resultados de la rueda de prensa, elaboraremos un dossier para entregarlo a nuestros superiores y, finalmente, lo archivaremos.

✓ **Comunicados de prensa**

- Escritos que envían las empresas a los medios de comunicación para su publicación, siendo su temática muy variada: dar a conocer resultados económicos, cambios en la dirección, actividades culturales, etc. Tenemos que dar la información justa para atraer la atención: titular y antetítulo atractivos y texto central escueto y directo.

3.4. Proyecto pormenorizado de la organización del evento

Aunque muchos de los aspectos que se comentan en este capítulo coinciden con los de la organización de las reuniones, las diferencias serán la **naturaleza** y la **finalidad** del evento que se vaya a celebrar, que requerirá unas pautas de organización u otras. Es fundamental que cuando nos planteemos la celebración de un evento, definamos qué objetivos persigue y cuál es su naturaleza, diferenciando si se trata de un acto público oficial, un acto público no oficial o un acto privado.

- **Lugar**. Se elegirá en función del tipo de acto. Los aspectos que debemos tener en cuenta son, entre otros: si la celebración es al aire libre o en local cerrado, la ubicación geográfica, las facilidades de transporte, accesos y aparcamiento, los atractivos turísticos, la originalidad del emplazamiento, etc.

- **Fecha y horarios**. Habrá que tener en cuenta que nuestro evento no coincida con otros de gran relevancia como finales de eventos deportivos, ferias del sector, etc. Asimismo, habrá que definir los horarios para proceder a la elaboración de la agenda del acto.

EJEMPLO DE AGENDA DE ACTO DE ENTREGA DE PREMIOS EMPRESARIALES

11:00.- Inauguración de la Jornada a cargo de Dña. María Castro Fernández, presidenta de...

11:30.- Intervención de D. Juan Álvarez, director del área de...

11:45.- Intervención de Dña. Clara Pérez Ruiz, directora de...

12:00.- Presentación de los proyectos.

12:20.- Entrega de premios.

12:45.- Vino de honor.

- **Calendario de actos**. Nos encargaremos de elaborar un calendario específico donde se incluyan todos los actos y eventos que celebre nuestra empresa. Asimismo, en el caso de eventos que requieran una larga preparación —por ejemplo, un certamen literario—, elaboraremos un **calendario de preparativos**, en el que detallaremos, mes a mes, los preparativos que debemos realizar hasta que llegue el día de la celebración del evento en cuestión.
- **Recursos económicos. Estimación real de los medios**. Ya sabemos que una vez definidas las necesidades del evento, debemos elaborar un presupuesto que incluya todos los gastos en los que incurramos —recursos humanos y materiales—. Asimismo, existen algunos tipos de eventos que cuentan con ingresos de fuentes externas, por ejemplo, congresos o ferias de muestras.
- **Asistentes. Confirmaciones, anulaciones, en reserva. Relación de invitados**. Los invitados se elegirán en función del objetivo y la na-

turaleza del evento, aunque debemos tener siempre preparada una lista con los **invitados imprescindibles** para cualquier evento que celebre la empresa —por ejemplo, los altos cargos de la misma—. La relación definitiva de invitados a un evento concreto estará formada por esa lista fija, más las personas que tienen relación con el evento que vayamos a celebrar —clientes, proveedores, empresarios del sector, etc. Además, tendremos preparado un listado de **asistentes «en reserva»,** también llamada lista de «invitados de recambio», por si alguno de los previstos inicialmente cancelasen su asistencia. A la finalización del evento los listados de invitados deben ser actualizados de manera que podamos evaluar la relación de asistencias y **anulaciones**, ya que dicha relación nos ayudará a confeccionar el listado para un evento posterior de las mismas características.

- **Logística**. Dependiendo del tipo de evento, seguiremos los mismos criterios que para la organización de reuniones.

✓ **Sala**: los criterios para una correcta elección del local son: luz y tamaño adecuados, ausencia de ruidos, visibilidad, temperatura —aire acondicionado y calefacción— y correcta ventilación. Otros factores que se deben tener en cuenta son la existencia de un mobiliario acorde, tomas de teléfono y de corriente suficientes, una zona de secretaría y trabajo para el personal, botiquín, salida de emergencia, etc. Asimismo, respecto a las mesas y la distribución de asientos y tarjetas de puesto de mesa, también sirven las pautas comentadas en el epígrafe *Organización de reuniones.*

✓ **Cátering- restauración**. Lo habitual es contratar un cátering para agasajar a los invitados en nuestras dependencias, o bien acudir a un restaurante de nuestra confianza.

✓ **Medios audiovisuales e informáticos**. Dependiendo de la naturaleza del evento utilizaremos, o no, diferentes medios audiovisuales como pizarras, rotafolio, retroproyector, etc., así como informáticos: PC, impresoras, etc.

✓ **Decoración**. Ornamentación floral, reposteros, banderas —mástiles y pies—, tapices, paños planchados, etc.

✓ **Seguridad**. En función del evento, de las autoridades y personalidades que acudan, así como el número de asistentes variará el número de personal de seguridad asignado por la empresa con el fin de velar por el buen desarrollo del acto en cuestión.

- ✓ **Reserva de hoteles**. Tal y como vimos en el epígrafe de las reuniones, al seleccionar los hoteles para el alojamiento de los invitados, tendremos en cuenta el número, tamaño y tipo de habitaciones, los servicios que ofrecen y la calidad del restaurante —o restaurantes— de los que disponga.

- ✓ **Medios de transporte**. Avión, autobuses, taxis, vehículos de empresa, etc. Asimismo, tendremos muy en cuenta **el aparcamiento**, que en eventos multitudinarios se les facilitará a los altos directivos y a los invitados relevantes, mediante tarjeta identificativa personalizada. Respecto a los invitados en general —por ejemplo, a una feria de muestras—, es imposible dar aparcamiento personalizado a cada uno de ellos, si bien todos los recintos feriales disponen de amplias zonas de parking.

- ✓ **Recursos humanos**. Según la naturaleza del acto, deberemos contratar el personal auxiliar adecuado: azafatas, intérpretes, conductores, fotógrafos, jardineros, técnicos de sonido, iluminación y mantenimiento, etc. Debemos tener muy en cuenta que todas y cada una de estas personas, en un momento determinado, van a ser la imagen de nuestra empresa, por lo que es muy importante su correcta elección, así como la uniformidad en sus atuendos.

- ✓ ***Outsorcing***. En función del evento tendremos que acudir a la subcontratación de diferentes empresas, tales como la imprenta —invitaciones, sobres, planos, tarjetas, señalización, credenciales—, instalación de carpas, toldos, empresas de cátering, etc.

- ✓ **Material de apoyo**. Tal y como vimos en el epígrafe de las reuniones, en algún evento necesitaremos utilizar algún elemento de apoyo, como la pizarra —adhesiva o magnética—, rotafolio, cañón de luz, retroproyector, televisión, vídeo, presentaciones, gráficos, diapositivas, etc.

- ✓ **Tarjetas. Colocación de los integrantes. Precedencias**. Ya conocemos la necesidad de colocar tarjetas de mesa para identificar a los miembros de la mesa presidencial, que incluirán el nombre y primer apellido y debajo el cargo y empresa u organización. Los criterios para la colocación de las tarjetas de mesa y de los integrantes de la misma dependerán de la finalidad y la naturaleza del evento, que serán los que determinen los diferentes criterios de ordenación de precedencias (ver el epígrafe Protocolo acerca de precedencias en la empresa, página 89).

✓ **Documentación previa de los eventos**. Existen una serie de documentos de uso frecuente cuyas plantillas deberá recoger el *Manual de imagen*: por un lado los comerciales, y por otro los protocolarios —convocatorias, saludas, invitaciones, etc.—

- **Invitación**. Escrito mediante el que un anfitrión —persona o empresa— invita a alguien a un evento; el envío deberá hacerse con una antelación de quince días a un mes. Cuando se trate de un almuerzo o cena en honor de una personalidad se hará constar en la invitación, plasmando el nombre del invitado de honor, mediante las fórmulas: «Para presentar a»; «En honor de», etc. La invitación puede hacerse mediante:
  - **Saluda**. Invitación de tipo ceremonioso, por lo que se utiliza habitualmente, tanto en organismos oficiales como por altos directivos de empresa.
  - **Tarjetón**. Se trata del formato de invitación más utilizado en las relaciones sociales. La cartulina ha de ser gruesa y de buena calidad y el logo debe estar impreso en relieve blanco o dorado sobre todo cuando se trate de una empresa u organismo relevantes. Por lo general, en los tarjetones de invitación se incluye la fórmula SRC —«Se ruega contestación»—, que nos ayudará a elaborar la lista definitiva de invitados.

EJEMPLO DE SALUDA DE INVITACIÓN A UNA AUTORIDAD

El Presidente

del

X Congreso Nacional de Oftalmología

Saluda

Al Ilmo. Sr. D...........

Alcalde del Ayuntamiento de Tolosa

y tiene el honor de invitarle al acto de inauguración del Congreso, que tendrá lugar el día 29 de noviembre de este año, a las 09:30 horas en el Palacio de Congresos Juan Carlos I de esta ciudad.

Juan Sánchez del Valle

aprovecha la ocasión para reiterarle el testimonio de su consideración más distinguida.

Tolosa, el día... de (mes) de este año

MODELO DE INVITACIÓN GENÉRICA AL ACTO DE INAUGURACIÓN DE INSTALACIONES EMPRESARIALES

El Presidente del Consejo de Administración de Castell S. A.

se complace en invitarle a la inauguración oficial
de la nueva planta de fabricación
que tendrá lugar en el Parque Empresarial Juan Carlos I,
de Valencia, el 29 de noviembre a las 12:00 horas.

SRC
Tel. xxxxxx

Valencia, el (día) de (mes)

- **Folletos**. Se trata de otro tipo de documentos, en general compuestos por catálogos, **programas**, calendarios de actos, etc. Los catálogos, habitualmente, son utilizados para todo tipo de exposiciones de arte y suelen tener un mínimo de cuatro páginas donde se incluyen algunos datos referentes del artista —nombre y foto, galardones obtenidos, extractos de críticas, etc.— Dependiendo del tipo de evento, será necesaria la utilización de **DOSSIERS** —tanto los de prensa como, por ejemplo, los que se utilizan en las Juntas Generales de Accionistas—, siendo cada vez más habitual la entrega de éstos en soporte digital.
- **Credencial**. Tarjeta plastificada que sirve como documento acreditativo del cargo o función del portador. Se suele llevar insertada en un soporte con clip o colgando de un porta-acreditaciones, también conocidos como *lanyards*.

✓ **Documentación posterior al evento**

- **Informe final**. Una vez concluido el evento, prepararemos un informe para comprobar si ha transcurrido conforme al guión previsto. Dicho informe deberá incluir las incidencias y los logros alcanzados así como un dossier exhaustivo de su repercusión en los medios de comunicación. Este informe será la mejor fuente de información en el futuro para evaluar si el evento ha producido los efectos pretendidos, además de ayudarnos a mejorar la organización de futuros proyectos.

- **Resultados económicos**. Contendrá las partidas de gastos e ingresos obtenidos por la celebración del evento. Esta tarea es propia del Departamento Financiero de la empresa.
- **Certificación del evento**. Habitualmente, tras la finalización de un evento, se hace entrega de un certificado de asistencia al mismo, que contiene el nombre del evento, los datos del participante y las horas de duración.

3.5. Listado de comprobaciones

LISTADO DE ACCIONES PARA EL DÍA DEL EVENTO (MARCAR CON UNA "X" LO QUE PROCEDA):

FECHA Y NOMBRE EVENTO

HORA COMIENZO

HORA PREVISTA FINALIZACIÓN

PARTICIPANTES (LISTADO ADJUNTO)

AGENDA DEL ACTO (ADJUNTA)

- ❑ DOCUMENTACIÓN
- ❑ DOSSIERS
- ❑ CATÁLOGOS
- ❑ FOLLETOS
- ❑ DISCURSOS
- ❑ PLANOS
- ❑ TARJETONES INTERVENCIONES
- ❑ LIBRO DE HONOR

MAV NECESARIOS (ESPECIFICAR)

- ❑ -
- ❑ -
- ❑ -

PERSONAL AUXILIAR

- ❑ AZAFATAS (GUIONES)
- ❑ SEGURIDAD
- ❑ *TRANSFERS*
- ❑ CHÓFERES
- ❑ INTÉRPRETES
- ❑ OTROS

SE REQUIERE ETIQUETA

❑ SI ❑ NO

ORNAMENTACIÓN

- ❑ ATRIL
- ❑ BANDERAS
- ❑ MÁSTILES
- ❑ ESTRADO
- ❑ ALFOMBRAS
- ❑ FLORES
- ❑ TARJETAS DE MESA
- ❑ OTROS

MEDIOS INFORMATIVOS

- ❑ PRENSA
- ❑ RADIO
- ❑ TV
- ❑ FOTÓGRAFO

RESTAURACIÓN

- ❑ CÁTERING
- ❑ RESTAURANTE

ALOJAMIENTO

- ❑ NOMBRE HOTEL
- ❑ NÚMERO DE TELÉFONO
- ❑ PERSONA DE CONTACTO

OBSEQUIOS

❑ SI ❑ NO
(en caso de respuesta afirmativa, especificar de qué regalo se trata)

3.6. El papel de la secretaria el día del evento. Preparar, comprobar, atender

Al igual que ocurriera en las reuniones de trabajo, el día del evento debemos supervisar todos los aspectos protocolarios, para lo que tendremos a mano diferentes listas de comprobaciones y comenzaremos por comprobar que el lugar donde vaya a celebrarse el acto esté en orden, así como todos los elementos que lo componen. Por lo general, cuando se trata de eventos a los que asisten un elevado número de personas, dispondremos de personal auxiliar cuya colaboración nos permitirá supervisar mejor todos los detalles y, al mismo tiempo, prestar una atención más personalizada a los invitados. Ahora bien, uno o dos días antes de la celebración del evento, tendremos que revisar todos los detalles y preparativos, por si hubiese cambios de última hora.

Algunos de los elementos que debemos comprobar serán:

- Confirmación de asistencias.
- Si los invitados van a hospedarse en algún hotel de la ciudad, nos aseguraremos de que les asignen las habitaciones solicitadas.
- Información al personal de la empresa involucrado en el evento.
- Comprobación del pedido del cátering o reservas en restaurantes o salones, etc.

3.7. Condiciones técnicas requeridas al bien o servicio contratado

Introducción

La organización de cualquier tipo de evento genera una serie de documentos mercantiles que habrán de ser gestionados por el departamento contable de la empresa, limitándose la tarea del asistente de dirección a la petición de los presupuestos de los servicios necesarios, a la comprobación de los albaranes cuando nos entreguen un producto y a dar nuestra conformidad de las facturas siempre y cuando, claro está, coincidan con los presupuestos aprobados y los servicios prestados. Cuando contratamos un bien o servicio, mediante acuerdos verbales o contractuales, el contrato en cuestión conlleva asociadas una serie de condiciones técnicas y económicas.

- ✓ **Calidad**. La calidad podría definirse como la satisfacción del cliente al consumir el producto o servicio prestado por una empresa, siendo la consecución de la «calidad total» uno de los objetivos principales de las empresas, con el fin de reducir al máximo posible los errores y, al mismo tiempo, aumentar los beneficios de la empresa.

En el caso de un evento, aplicaríamos el concepto de calidad a los servicios ofrecidos por los diferentes proveedores —cátering, azafatas, técnicos, etc.

- ✓ **Plazos y medios de entrega**. En el contrato se determinarán los acuerdos adoptados sobre los plazos y medios de entrega del producto o servicio. El servicio posventa se podría definir como el servicio prestado por el vendedor al cliente tras la realización de la venta, mediante la aplicación de la garantía del producto, —por ejemplo, el servicio de reparaciones.

- ✓ **Acuerdos verbales o contractuales**. Los acuerdos verbales son aquellos que se realizan entre dos partes sin que medie un documento escrito; los acuerdos contractuales son aquellos que tienen lugar mediante un acuerdo por escrito.

- ✓ **Servicio posventa**. Es un servicio que ofrece el proveedor que incluye el alcance de las **garantías** del producto o servicio.

3.8. Condiciones económicas requeridas al bien o servicio contratado

Por otro lado, las condiciones económicas requeridas al bien o servicio contratado, atañen a los **precios de mercado**, los **descuentos** y bonificaciones, así como a las **condiciones y plazos de pago**.

- ✓ **Precios de mercado**. El precio es el ingreso obtenido por las empresas por la venta de un bien o la prestación de un servicio. Debe tenerse en cuenta que en el precio van incluidos los costes que conlleva —material, promoción, portes, etc.—. Para fijar el margen de beneficio se suele añadir a los costes un porcentaje de los mismos o un porcentaje del precio de venta. Para fijar los **precios de mercado**, las empresas deben respetar los límites establecidos por las administraciones públicas. Además, se debe tener en cuenta en qué clase de mercado actúan las empresas. Así, existe más libertad para fijar los precios en mercados de monopolio; sin embargo, en sectores donde existe mucha competencia, las empresas deben fijar precios similares con el fin de no perder clientela.

- ✓ **Condiciones y plazos de pago**. En un contrato de compraventa, el pago del precio se produce bien en el momento en el que se recibe la mercancía o bien en un momento posterior. Según este criterio, hay dos formas de pago:

- **Pago al contado**: la entrega de la cosa y del precio (obligaciones derivadas del contrato), se cumplen de forma inmediata, aunque también se denomina pago al contado cuando dicho pago se produce días después de la entrega de la mercancía. La principal ventaja del pago al contado es el ahorro de intereses así como el beneficio por descuentos por pronto pago.
- **Pago aplazado o a crédito**: la obligación se cumple en el plazo preestablecido por las partes contratantes, una vez entregada la mercancía. Además, este sistema de pago, a su vez se divide en «compraventa a plazos» en las que se establecen pagos en fracciones iguales o periódicas. Los plazos de pago más habituales son de 30, 60 y 90 días.

✓ **Descuentos y bonificaciones**. Los **DESCUENTOS** implican la disminución del precio establecido para un producto en una operación concreta o bien durante un período de tiempo determinado. Existen diferentes tipos de descuentos que pueden ser aplicados:

- **Descuentos por pronto pago**: se consiguen al realizar el pago al contado.
- **Descuentos comerciales**: son los establecidos por las empresas para promocionar sus productos. Una vez concluida la promoción comercial, el precio vuelve a ser el original.
- ***Rappels***: es una bonificación que se aplica cuando se realiza un gran volumen de compras.

3.9. Medios de cobro y pago, convencionales y telemáticos

La materialización del pago se puede efectuar con dinero o mediante unos documentos sustitutivos del mismo. Además, el pago de las deudas deberá efectuarse en la especie pactada, o, en su defecto, en la moneda de curso legal en España.

✓ **Monedas y billetes. Normativa vigente para la entrada y salida de ciertas cantidades del país**. El pago de una compra, cuando se realice con dinero, deberá hacerse en moneda nacional o extranjera dependiendo de lo que se haya pactado previamente. El Banco de España es la institución encargada de la NORMATIVA de la emisión de billetes y monedas y quien determina su cuantía, así como sus características. La normativa vigente para la entrada y salida de dinero del país regula la cuantía de los movimientos de los instrumentos de cobro o pago a través de las fronteras españolas y definen las limitaciones que responden a las necesidades de los viajeros en sus desplazamientos al extranjero.

✓ **Tarjetas bancarias: débito y crédito**. Se trata de medios de pago que sustituyen al dinero en efectivo. Las tarjetas poseen una banda magnética donde se identifica la cuenta y el titular y requieren un código personal que facilita y asegura las operaciones. Las **tarjetas de débito** se llaman así porque su uso genera un cargo o débito, en la cuenta a la que está asociada dicha tarjeta —por lo general, de manera inmediata—, por lo que es necesario disponer de fondos en la cuenta bancaria. Por su parte, las **tarjetas de crédito** son tarjetas que permiten hacer compras o sacar dinero a modo de préstamo que ha de ser devuelto en diferentes plazos (pago único o aplazado). Su uso conlleva una comisión sobre la cantidad dispuesta, además de una cuota anual. Estas tarjetas tienen cobertura internacional, por lo que facilitan el pago en el extranjero sin que sea necesario el cambio de moneda.

✓ **El cheque. Cheques de viaje y euro cheques**. El cheque es un medio de pago que sustituye al dinero. Se trata de un documento que contiene una orden de pago de una cantidad determinada de dinero dirigida a un banco o entidad de depósito donde el emisor del título tiene fondos disponibles. En las operaciones de compraventa, el comprador emite el cheque que entregará al vendedor como pago del precio. A continuación, el vendedor podrá hacerlo efectivo en la entidad bancaria donde el comprador tenga fondos o en la suya propia que lo hará efectivo mediante la denominada *compensación bancaria*. Las personas que intervienen son:

- **Librador**: persona que emite el cheque y ordena su pago.
- **Librado**: entidad bancaria que recibe la orden de pago con los fondos que el librador tiene a sus disposición.
- **Tenedor**: persona que se encuentra en posesión del título.
- **Endosante**: persona distinta del librador que transmite el cheque mediante endoso.
- **Avalista**: persona que garantiza el pago del cheque si no lo hace el principal obligado al que avala.

Por otra parte, existen tres formas de emitir o **librar** un cheque:

- **Cheque al portador**: el cheque se pagará a cualquier persona que lo presente al cobro.
- **Cheque a la orden**: el cheque se pagará, en su caso, a la persona que en él se designe o a otra a su orden.
- **Cheque nominativo**: el cheque se pagará, exclusivamente a la persona designada en el mismo.

Asimismo, también existen diferentes modalidades de cheque. Los **CHEQUES DE VIAJE** son cheques emitidos por una institución financiera que funcionan como dinero en efectivo y cuya principal ventaja es la de estar protegido contra la pérdida o robo, además de ser muy útil sobre todo en viajes al extranjero donde no sean aceptadas nuestras tarjetas de crédito. Por otro lado, existen también los **EUROCHEQUES**, o cheques emitidos por un banco europeo y que pueden ser utilizados en toda la zona euro.

✓ **Transferencia y domiciliación bancaria**. La transferencia es la orden que un cliente da a su entidad bancaria para que traslade una cantidad determinada de los fondos de su cuenta a otra cuenta de la misma u otra entidad. Dicha operación suele implicar una comisión que corre a cargo del ordenante de un porcentaje sobre la cantidad transferida. Una vez realizada, el banco debe entregar a su cliente un comprobante de transferencia. La **DOMICILIACIÓN BANCARIA** es la autorización que se otorga a una entidad bancaria para que adeude en la cuenta corriente los diversos pagos que se deben realizar a diferentes organizaciones.

✓ **Empresas dedicadas al envío de dinero**. Existen numerosas empresas que se dedican al envío de dinero. Para poder efectuar estas transacciones monetarias, dichas empresas deben estar autorizadas por las entidades reguladoras de los países en los que tengan delegaciones. El dinero puede ser enviado de forma **manual**, en la que el emisor se acerca personalmente a una de las sucursales de la empresa de envío de dinero y deposita el importe que desea transferir.

✓ **Internet**. Asimismo, el envío de dinero se puede realizar por **vía telemática**, también llamado **envío de dinero electrónico**, accediendo a la página web de la empresa y realizando el envío por medio de una tarjeta de crédito.

Medios internacionales de pago básicos. Hay una amplia variedad de medios de pagos internaciones, por lo que la elección por uno u otro medio estará determinada por el conocimiento que tengamos del vendedor por los costes que conllevan, así como por la frecuencia de las operaciones que efectuemos. Los medios de pago más comunes son:

- **Carta de crédito**: se trata de un sistema de pago mediante el cual un banco actúa por instrucciones de su cliente, pagando a un vendedor una determinada suma de dinero, siempre y cuando se cumplan ciertos requisitos estipulados previamente. Este sistema es el más utilizado y al mismo tiempo, el más conveniente en las transacciones internacionales.
- **Pago anticipado**: supone un gran riesgo para el comprador, ya que consiste en que éste, antes del embarque, abona en la cuenta del exportador el importe de la mercancía.
- **Cheque bancario internacional**: se trata de un cheque emitido por un banco contra sus propios fondos, a solicitud del importador, quien, previamente, habrá abonado al banco dicho importe. Este medio de pago se caracteriza por su bajo coste y la simplicidad de la operación, pero también por el riesgo que supone para el comprador.
- **Orden de pago simple**: mediante este sistema el exportador envía la mercancía y la documentación necesaria para que esta pueda ser recibida por el importador, quien, una vez recibida la mercancía, solicita a su banco que pague al exportador mediante transferencia bancaria.

3.10. Documentos de cobro y pago

✓ **Notas de entrega o albaranes**. Documento expedido por el vendedor que acompaña a la entrega de la mercancía y que sirve como justificante que acredita que la mercancía ha sido entregada al destinatario. Consta de tres copias cumplimentadas por la empresa suministradora, siendo una para la propia empresa, otra, la que se entrega al cliente para que la firme una vez chequeada la mercancía pedida y la tercera, que se archivará junto al pedido.

✓ **Facturas proforma y definitiva**. La factura es el documento expedido por el vendedor mediante el que se acredita legalmente la operación de compraventa. Existen dos modalidades de facturas:

la factura **proforma**, que es el documento que resume las informaciones contenidas en una oferta y la factura **definitiva** que se expide cuando la oferta se materializa en pedido o contrato, siempre que no hayan cambiado los datos reflejados en la factura proforma.

✓ **Libros de registro relativos a la gestión de tesorería**

- **Libro auxiliar de caja**: se trata de un libro auxiliar de contabilidad, que se utiliza para registrar todas las entradas y salidas de efectivo en la caja de la empresa.
- **Arqueo de caja**: consiste en el recuento del dinero en efectivo y de los documentos que forman parte del saldo de una cuenta.
- **Libro auxiliar de bancos**: se trata del libro en que se son registrados cada uno de los movimientos realizados en una cuenta bancaria, como por ejemplo, los giros y las anulaciones de cheques.
- **Conciliación bancaria**: proceso por el cual se realiza la comparación entre los apuntes contables que lleva una empresa de su cuenta corriente o de ahorros con los valores que el banco suministra por medio del extracto bancario.

EJERCICIOS DE AUTOEVALUACIÓN

1. ¿Qué tipos de actos se celebran en todo congreso?
2. ¿Cuáles son los diferentes tipos de visitas guiadas a la empresa que existen?
3. ¿En qué consiste una inauguración?
4. ¿Cuál es el acto más habitual de entrega de premios en la empresa y en qué consiste?
5. ¿Qué tipos de invitados se distinguen en una feria?
6. Cita las dos formas de pago más habituales y explica brevemente en qué consisten.
7. ¿En qué consiste la carta de crédito?
8. ¿Qué es una transferencia bancaria?
9. ¿En qué consiste un arqueo de caja?
10. Enumera los tipos de libros de registro relativos a la gestión de tesorería que existen.

INDICA SI LAS SIGUIENTES AFIRMACIONES SON VERDADERAS O FALSAS

1. La clausura de un congreso se realiza en el mismo orden que la inauguración, con la diferencia de que al final se sirve un vino de honor o un banquete.
2. El momento culmen de un acto de primera piedra es cuando la madrina estrella una botella de cava contra el casco de un buque.
3. Debido a la relevancia del acto, en una Junta de Accionistas debe haber tantas azafatas como invitados.
4. Es muy importante contar con plantillas de los diferentes documentos de uso más frecuente –invitaciones, saludas, tarjetones, etc.-.
5. Una credencial es una tarjeta plastificada que sirve como documento acreditativo del cargo o función del portador.
6. Las condiciones técnicas requeridas al bien o servicio contratado atañen a los precios de mercado, los descuentos y bonificaciones, así como a las condiciones y plazos de pago.
7. La normativa vigente para la entrada y salida del país regula la cuantía de los movimientos de los instrumentos de cobro o pago a través de las fronteras españolas.
8. El precio es el ingreso obtenido en las empresas por la venta de un bien o la prestación de un servicio.
9. El rappel es un descuento establecido por las empresas para promocionar sus productos.
10. En un cheque, el tenedor es la persona que se encuentra en posesión del título.

4. El protocolo empresarial

Introducción

Hace unos años era habitual ver reflejados en prensa diversos actos de un marcado carácter protocolario oficial tales como el desfile del Día de las Fuerzas Armadas o la toma de posesión de un nuevo Gobierno. Sin embargo, hoy en día en los medios de comunicación nos encontramos con numerosos actos organizados por el sector privado a los que acuden invitadas autoridades de diferentes rangos; sería el caso, por ejemplo, de la inauguración de un museo privado al que acuden como invitados de honor SS. AA. RR. los Príncipes de Asturias o la entrega de galardones por parte de Su Majestad el Rey en la final de un evento deportivo multitudinario.

En cualquiera de los casos, cuando observamos estas escenas la imagen que recibimos es una imagen perfecta porque todos los elementos están en orden: las personas, los espacios, las banderas, los himnos, etc., y esto se debe a la correcta aplicación del **PROTOCOLO**, entendiendo este término como el modo de organizar a los concurrentes a un acto, asignando a cada persona el lugar que le corresponde, en razón del cargo que ostente.

Por ello, tal y como decíamos anteriormente, en la actualidad ya no nos sorprende la interrelación entre el sector privado y público, aunque no siempre fue así... En un principio, la carencia de una normativa regularizada en la empresa, tal como la que existe en el mundo oficial —sobre todo con el Real Decreto 2099/83, que regula la Ordenación de Precedencias en el Estado—, hacía que fuese difícil aplicar las pautas de actuación a la hora de organizar un evento, tales como no saber diferenciar los tipos de actos de la empresa, no tener claras las presidencias ni las precedencias, no conocer las pautas que se deben seguir en los actos públicos mixtos, etc. Además, los parámetros básicos a la hora de realizar sus actos y ordenar a los que participaban en ellos, únicamente se basaban en sus estatutos y organigramas, los usos sociales y sus propias costumbres.

Todo ello, «obligó» al sector privado a establecer una serie de normas de organización, mediante la adaptación a su ámbito del RD 2099/83, aunque manteniendo clara la diferencia entre el protocolo oficial y el de empresa, **ya que en los actos empresariales prima la finalidad del acto** sobre la organización jerárquica en sí. Así pues, el protocolo en la empresa se fue convirtiendo en una útil herramienta de trabajo, de planificación y de organización de todos los actos de la misma, que ayuda a directivos y ejecutivos de la compañía a moverse seguros en el mundo de las relaciones empresariales. Por ello, el empresario debe tener unos conocimientos protocolarios básicos para asistir a cualquier acto como invitado o para recibir en su propia sede a autoridades y personalidades, ya que su correcta actuación redundará en la buena imagen que su empresa ofrece a la opinión pública.

Para evitar los errores de organización y protocolo en una empresa comenzaremos por establecer una clasificación de los actos:

- **Actos relacionados con el negocio**. Son convocados por la presidencia o por el departamento correspondiente, por ejemplo una campaña para la presentación de un nuevo producto.
- **Actos externos de carácter general relacionados con las instituciones**. Aquellos que vinculan la empresa con las instituciones, como puede ser el premio al mejor expediente académico de estudios universitarios relacionados con la empresa.
- **Actos internos de carácter sectorial**. Los actos relacionados con la actividad interna de la empresa, pero que no cuentan con participación de personas ajenas a la misma. Por ejemplo, un seminario de empresa.
- **Actos relacionados con las empresas del grupo**. Actos similares a los actos internos, pero con mayor participación y despliegue de medios, como una Junta General de Accionistas.
- **Actos externos de carácter general, cultural, publicitario y de imagen corporativa**. Los que se celebran cuando la empresa es la patrocinadora; tal es el caso de una presentación a los medios del patrocinio a un equipo deportivo.
- **Actos de cualquier tipo en el extranjero**. Sería el caso de la celebración de una feria anual de nuestro sector.

4.1. Tratamientos dentro de la empresa

Introducción

Un tratamiento se define como «un título de cortesía, de respeto u honorífico que se da a aquel con quien se habla de viva voz o por escrito, por razón de su dignidad, categoría o cargo, o por la situación social que ocupa en relación con su interlocutor».

Por desgracia, en nuestros días se ha hecho muy frecuente el abuso del tuteo a nivel coloquial, por lo que debemos saber cuándo podemos tutear y cuándo debemos tratar de usted a las personas con las que nos relacionamos, sobremanera en el ámbito laboral.

4.1.1. Uso del «tú» y del «usted»

✓ **Uso del «tú»**

- Dentro de las oficinas y de las empresas también se debe evitar el abuso del tuteo, a no ser que existan razones evidentes de amistad o de familiaridad en el trato que lo justifiquen, ya que el tuteo es sinónimo de proximidad y complicidad.
- Lo prudente es comenzar por el tratamiento de cortesía de "usted"para más tarde, con el paso del tiempo y según las circunstancias, pasar a tutearse. Debemos ser conscientes de que podemos ofender si tuteamos a alguien sin su consentimiento.

✓ **Uso del «usted»**

- El tratamiento de cortesía es la primera muestra de respeto a las personas.
- Siempre trataremos de usted a aquellas personas que nos presentan.
- Cuando tengamos duda del tratamiento correcto, emplearemos este tratamiento; en todo caso, corresponderá a la otra persona el sugerir el tuteo.
- A aquellas personas que sean de mayor edad y gocen de mayor nivel jerárquico o prestigio que nosotros.
- A los de igual o parecido nivel jerárquico, pertenecientes a un organismo diferente del nuestro y que no conocemos.
- El jefe no debe tutear a su asistente, ni este a él: el uso del tuteo no menoscaba la confianza, pero perjudica la imagen de disciplina y autoridad.
- Por respeto a las personas que por su trabajo no pueden tutearnos, como camareros, chóferes, personal de limpieza, etc.

4.1.2. Tratamiento en la recepción de personalidades y autoridades. Como asistentes de dirección, a menudo estamos en contacto con personalidades y autoridades, recibiéndoles en nuestra empresa, o enviándoles correspondencia —saludas, invitaciones—, por lo que es fundamental saber darles el tratamiento que les corresponde según su autoridad, cargo o dignidad. Con este fin, es aconsejable que tengamos en nuestro poder un FAC, o Fichero de Altos Cargos, donde figuran actualizados todos los altos cargos de la Administración y de las Comunidades Autónomas, incluyendo sus nombres y apellidos, el tratamiento y sus direcciones de correo.

RELACIÓN RESUMIDA DE LOS TRATAMIENTOS VIGENTES EN ESPAÑA

✓ **SU MAJESTAD (S. M.), SUS MAJESTADES (S.S.M.M.), VUESTRA MAJESTAD (V. M.), SEÑOR O SEÑORA**

- Reyes de España

✓ **ALTEZA REAL (S. A. R.)**

- Príncipes de Asturias.
- Infantas de España: las hijas de los Príncipes de Asturias, las hijas del Rey, las hermanas del Rey y el duque de Calabria.

✓ **EXCELENTÍSIMO SEÑOR/SEÑORA (EXCMO. SR./SRA.)**

- Presidente, vicepresidentes y ministros del Gobierno.
- Presidentes de las altas instituciones del Estado: Congreso, Senado, Tribunal Constitucional, Consejo General del Poder Judicial.
- Presidentes de Gobierno de las CC. AA.
- Embajador de España y ministros plenipotenciarios.
- Ex Presidentes del Gobierno.
- Jefe de la oposición.
- Jefe de S.M. el Rey.
- Delegados del Gobierno en CC. AA.
- Alcaldes de Madrid y Barcelona.
- Jefe de Protocolo del Estado.
- Primer Introductor de Embajadores.
- Etc.

✓ **ILUSTRÍSIMO SEÑOR/SEÑORA (ILMO. SR/SRA.)**

- Alcaldes de capitales de provincia o ciudades mayores de 100.000 habitantes
- Subsecretarios de departamentos ministeriales.
- Directores Generales.
- Presidentes de las Diputaciones, Cabildos y Consejos Insulares.
- Magistrados y jueces.
- Tenientes de alcalde.
- Directores regionales y provinciales de los distintos ministerios.
- Etc.

TRATAMIENTOS REGULADOS PARA LOS TÍTULOS NOBILIARIOS

Excmo. Sr./Sra.: Grandes de España, duques.

Ilmo. Sr.: marqués, conde, vizconde, Comendadores Mayores de las Órdenes de Santiago, Calatrava, Montesa y Alcántara.

Señoría: barones.

4.2. Recepción de las visitas

4.2.1. El saludo y las presentaciones

✓ **El saludo**

La RAE define el saludo como «dirigir a alguien, al encontrarlo o despedirse de él, palabras corteses, diciendo adiós, hola, etc.». En el día a día, la forma de saludar es un reflejo de nuestra educación y profesionalidad por lo que debemos aprender a hacerlo correctamente. Para ello, seguiremos las siguientes reglas:

- La forma correcta de saludar en el mundo profesional es el apretón de manos que ha de ser franco, sin rodeos y firme. El beso, como saludo, solo debe emplearse con los más íntimos, la familia y los amigos.
- Al mismo tiempo que damos la mano, debemos mirar a los ojos de la otra persona de modo franco y sonreír, ya que es totalmente incorrecto mirar hacia otro lado mientras se saluda.
- La mujer actual tiende cada vez más a extender la mano para saludar tanto a hombres como a mujeres, siendo ésta una práctica correcta.
- La iniciativa de dar la mano ha de ser tomada por la persona «más importante» o, en cualquier caso, por la de mayor edad. En caso de igualdad de edad o de grado de jerarquía, la iniciativa le corresponde a la mujer.

✓ Las presentaciones

- La presentación es un acto breve por el que se da a conocer a una persona a otra o a un grupo, por lo que permite y facilita la comunicación social. Las pautas que debemos seguir para realizar una correcta presentación son las siguientes:
- Se debe escuchar con atención el nombre de la persona que nos presentan; si no lo oímos o no lo entendemos bien, lo correcto es pedir que lo repita.
- Se debe presentar dando primero el nombre de la persona de menor rango y después el de la más importante.
- Entre hombres y mujeres, primero se da el nombre del hombre y después el de la mujer, aunque estas reglas tienen su excepción, ya que si se trata de un señor de edad y de una joven, se dará primero el nombre de la joven.
- En casi toda Europa se antepone el título académico, por ejemplo: Dr. Johan Berger.
- En actos sociales privados se acostumbra llamar a las personas de relieve por la denominación de su cargo o categoría personal —subsecretario, embajador—, o de su título nobiliario. En cualquier caso, la norma correcta consiste en que, tanto al dirigirnos a una persona como al referirnos a ella, debe anteponerse la palabra «don» o «señor» delante del nombre o apellido, respectivamente.
- En el caso de las señoras, se puede sustituir el apellido por el del marido, precedido de la partícula «de», por ejemplo: Sra. de Montañez.
- La persona soltera se presenta a la persona casada.
- Cuando presentamos a un matrimonio, diremos los «señores de Prada»; también podemos decir «El señor Prada y su señora» o bien «El señor Prada y su esposa, Laura».
- Al presentar solo a una señora casada, podemos usar la fórmula «doña Laura Soto de Mendoza» o «la señora de Mendoza».

✓ Presentaciones en la empresa

- En el ámbito empresarial, se da primero el nombre del ejecutivo de la empresa y después el del cliente.
- Al presentar a una persona por motivos laborales o profesionales, citaremos el cargo, nombre y apellidos. Por ejemplo, «director del

banco X, Sr. D. Juan Giménez»; esto es debido a que los cargos, en el ámbito laboral, suelen ser más importantes que los nombres.

- Se presenta la persona jerárquicamente inferior a un superior.
- La mujer tiene precedencia ante el hombre, pero en el ámbito de su área laboral como asistente de dirección, tiene únicamente la precedencia que le otorga dicho cargo.

4.2.2. Obligaciones con los visitantes. Una de las responsabilidades básicas de un asistente de dirección es la de recibir y atender a las visitas que acuden a nuestras instalaciones u oficinas. Una vez más, nuestra imagen será la primera impresión que reciban las personas externas, por lo que nuestras maneras han de ser impecables debiendo demostrar en todo momento una gran profesionalidad.

Tendremos en cuenta un aspecto muy importante que es el de conseguir la máxima colaboración de nuestros compañeros de trabajo, por lo que debemos encargarnos antes de cada visita de avisar a los empleados que estén involucrados en la visita, tales como recepción, seguridad, conserjes, jefes de taller, etc.

✓ **Pautas que debemos seguir en la recepción de las visitas**

- Cuando nos avisan de recepción o conserjería de la llegada, lo comunicaremos inmediatamente al jefe y acudiremos a recibirles a la sala de espera o recepción. Asimismo, desde recepción deben comunicarnos si ha habido algún cambio —por ejemplo, que acuda otra persona que no estaba prevista—, en cuyo caso anotaremos su nombre y apellidos para dirigirnos a él de la manera correcta.
- Debemos dirigirnos a la persona por su apellido, por ejemplo: «Buenas tardes, Sra. Sousa. ¿Me acompaña, por favor?».
- Una vez hecho el recibimiento, le acompañaremos hasta la puerta del despacho aunque previamente, el jefe nos comunicará si desea interrupciones o no. De todos modos lo habitual, a no ser que se trate de una emergencia, es tomar nota del aviso y pasarlo al final de la visita.
- En el caso de que nosotros no estemos o no podamos acompañar a las visitas y lo haga alguno de nuestros compañeros, debemos asegurarnos de que conocen bien las reglas de cortesía habituales con el fin de que se sientan seguros en esta tarea y proyecten de manera correcta nuestra imagen corporativa.

- ✓ **Visitas previstas.** Lo correcto es que las visitas que estén concertadas de antemano. Para recibirlas, debemos seguir una serie de pautas:
  - Una vez que la persona llega a nuestra sede, saldremos a recibirle a recepción o bien a la sala de espera. En cualquier caso, no debemos permitir nunca que nadie acceda directamente al despacho del jefe, a no ser por orden expresa suya.
  - La puntualidad es una de las reglas elementales de urbanidad, por lo que nunca debemos hacer esperar a las visitas. Sin embargo, si la visita fuese a demorarse un poco debido, por ejemplo, a un retraso de una reunión previa que esté manteniendo el jefe, nos encargaremos de comunicárselo al visitante, haciendo gala de tacto, ya que esta persona, habiendo acudido con absoluta puntualidad, podría sentirse molesta.
  - Puede darse el caso de que, por causas de fuerza mayor, la visita sea cancelada en el último momento y que no tengamos la oportunidad de ponernos en contacto con el visitante en ese espacio de tiempo, situación ante la cual a veces ciertas personas reaccionan de manera brusca e incluso pueden llegar a perder los nervios. En estos casos, debemos mantener la calma y no ser descorteses en ningún momento, intentando calmarle y explicando la causa de la cancelación de la reunión. A continuación, le ofreceremos distintas alternativas, como posponer la visita en el mismo a una hora diferente o bien concretando una nueva fecha. En cualquier caso, lo verdaderamente importante es que NADIE se sienta rechazado o perciba la sensación de falta de interés por parte de nuestros superiores.

- ✓ **Visitas imprevistas.** Aunque lo habitual y más correcto es concertar las visitas con anterioridad, lo cierto es que son muy frecuentes las visitas que acuden sin cita previa.
  - Hay contadas excepciones, como aquellas personas que sabemos que nuestro jefe recibe siempre, en cuyo caso intentaremos hacerles un hueco entre una reunión y otra.
  - Ante la visita inesperada de algún familiar, lo correcto es que sea el propio jefe el que salga en persona a saludarle y comunicarle si dispone o no de tiempo para atenderle.
  - Ante visitas inesperadas que no son de índole personal, SIEMPRE debemos FILTRAR las visitas, siguiendo las mismas pautas que al teléfono, es decir: averiguando el nombre y apellidos,

empresa en la que trabaja, cargo y motivo de la visita, para lo cual lo más correcto es pedir una tarjeta de visita. Una vez obtenidos estos datos los comunicaremos a nuestro jefe, quien decidirá si atiende o no en el momento, o bien decide posponer la visita para otro día, en cuyo caso fijaremos la visita en nuestra agenda.

- Ahora bien, también puede ocurrir que a nuestro jefe no le interese reunirse con la persona en cuestión, en cuyo caso diremos al visitante que comunicaremos su visita a nuestro jefe y le entregaremos su tarjeta. En estas situaciones debemos ser amables pero firmes ya que, por lo general, intentarán persuadirnos de la conveniencia de que nuestro jefe se reúna con él.
- En todo caso, siempre debemos contar con la autorización del jefe antes de rechazar cualquier visita.

✓ **Visitas que acuden de otra ciudad o del extranjero.** Cuando recibamos a visitantes que vengan fuera de la ciudad o del país, debemos prestarles más atenciones:

- Si son extranjeros, hay que tener en cuenta los usos sociales propios de su país para no cometer errores, sobre todo en lo referente a normas de cortesía, presentaciones, menús, etc.
- Si llegan al aeropuerto o estación de tren, tendremos previsto un servicio de transfer o enviaremos a un empleado con coche de empresa a recogerles en persona, a ser posible una de las personas que estén involucradas en la visita. Si la estancia en la ciudad solo va a ser de un día, a su llegada, y una vez hechas las presentaciones pertinentes, se le hará entrega de un pequeño dossier donde figuren los teléfonos de nuestra empresa así como diferentes planos de ubicación.
- Si va a pasar la noche en la ciudad, en el hotel dejaremos una carpeta con información variada: turística, museos, tiendas, restaurantes, plano de ciudad, etc., junto con una cesta de frutas o flores y siempre con una nota manuscrita del jefe dándole la bienvenida.
- Si el visitante viene con su pareja, se debe organizar un programa social para el acompañante: visitas turísticas, culturales, shopping, etc.
- En caso de hablar otro idioma, contrataremos a una azafata-guía que la acompañe: en estos casos debemos averiguar los gustos del acompañante con el fin de hacer un programa a su medida.

- Si organizamos un programa social —cena, espectáculo, visita a algún museo o exposición relevante—, siempre estarán acompañados por uno de nuestros jefes o compañeros de trabajo.
- El día de la partida de los visitantes nos encargaremos de comprobar que los horarios de salida del medio de transporte pertinente no hayan sufrido ninguna modificación.
- La misma persona que les haya estado acompañando durante su estancia deberá llevarles al aeropuerto para despedirles.

✓ **La precedencia en pasillos y escaleras.** Conviene recordar que existen unas **normas de precedencias en pasillos y escaleras**:

- Cuando una persona acompaña andando a otra debe ceder su derecha a esta si es de superior categoría o una señora. Cuando son tres personas, el puesto de preferencia es el del centro, seguido de la derecha e izquierda del primero:

2 1 3

- Al ir caminando se dejará pasar por las puertas primero a la persona de mayor categoría, abriéndolas si están cerradas. Las mujeres pasan antes que los hombres.
- Cuando varios matrimonios invitados a un acto coinciden en el vestíbulo de la escalera de acceso al salón de actos, deberán tener en cuenta estas dos posibilidades:
  - Si la escalera permite el acceso simultáneo de más de una pareja, la entrada se efectuará por parejas. Sin embargo, si la escalera solo permite el acceso de dos o tres personas simultáneamente, los hombres pasarán primero y después lo harán las esposas o acompañantes.
  - Al llegar al salón de actos, se invierte el sentido, por lo que si el tamaño de la puerta no permite la entrada por parejas, pasan primero las mujeres y luego los hombres. A la salida, el descenso será invertido, figurando primero las señoras.

4.2.4. Las esperas. Debemos evitar que los visitantes tengan que esperar a ser recibidos por nuestro jefe. Si por circunstancias ajenas a nuestra voluntad se produjera un retraso, seguiremos las pautas de actuación señaladas anteriormente.

4.2.5. La puntualidad. Huelga decir que la puntualidad es una de las normas básicas de urbanidad y que se debe cumplir a rajatabla.

4.3. El restaurante como parte de la oficina

Introducción

Debido a que en la vida empresarial cada día están más extendidos los actos sociales como almuerzos, cenas de trabajo, cócteles, etc., en este epígrafe conoceremos los diferentes tipos de agasajos en los negocios, así como los tipos de mesas que se utilizan para este menester. Aunque el «peinado» de mesas sea una tarea más propia de un jefe de protocolo debemos conocer, al menos, las normas básicas de las presidencias y las precedencias, así como las reglas que rigen las comidas.

4.3.1. Tipos de agasajos. Podríamos definir las comidas de trabajo como una pausa en la jornada laboral sin que ello suponga una pérdida del ritmo de trabajo, aunque también se celebran para agasajar a un cliente o empresa con quien nos interese fortalecer o comenzar una relación comercial.

- ✓ **Desayuno de trabajo**. De origen anglosajón, resulta muy útil por su aprovechamiento del tiempo al inicio de la jornada y su duración no debe exceder la media hora. Suele estar compuesto por café, leche, infusiones variadas y zumos así como de pequeña bollería o pastas; ahora bien, si asisten personas de diferentes nacionalidades, debemos tener en cuenta que están acostumbrados a desayunos más copiosos que el que acabamos de citar, denominado continental. Se celebran con diferentes motivos, por ejemplo, para organizar el *planning* semanal del jefe de un departamento con sus subordinados o cuando acuden personas externas y aprovechan este tiempo para tomar decisiones previas a la reunión. El desayuno suele celebrarse en el propio despacho, en el comedor de empresa o en una zona reservada y tranquila próxima a la sede de la compañía, aunque en este caso, el encuentro tendrá un carácter más informal y no se podrá disponer de la documentación necesaria.

- ✓ **Coffee break**. Consiste en una breve interrupción del trabajo que se realiza a media mañana, para tomar junto con los compañeros un café con unas pastas o pequeña bollería. Tan solo se trata de un breve descanso, por lo que su duración no será superior al cuarto de hora y no se deben abordar temas laborales. Si la reunión tiene lugar por la tarde, también se suele celebrar una pausa para tomar café, llamada *coffee time*.

- ✓ ***Brunch***. De origen americano, se trata de un almuerzo informal de media mañana en forma de buffet. No se debe celebrar si se tiene previsto un almuerzo al mediodía, ya que sería excesivo.

- ✓ **El vino español** o vino de honor es una modalidad del cóctel, si bien su duración es un poco más breve —por lo general, una hora— y consiste en un ágape a base de bebidas —aguas, refrescos, vinos— y canapés variados.

- ✓ **Brindis**. Momento de una celebración en el que se levantan las copas para compartir buenos deseos.

- ✓ **Almuerzo de trabajo**. La finalidad de este tipo de almuerzo es el de tratar temas profesionales, por lo que se debe ofrecer un menú ligero que permita trabajar eficazmente tras la comida propiamente dicha. La duración estimada oscila entre una y dos horas y el lugar de celebración puede ser en el propio despacho profesional, el comedor empresarial, una institución oficial o privada o en un restaurante próximo.

✓ **Snack de trabajo**. Se celebra en el propio despacho, siendo su duración aproximadamente de media hora y consiste en sándwiches o pequeños bocadillos que bien pueden traerse de una cafetería o restaurante próximos o encargarse a una empresa de cátering.

✓ **Cena de trabajo**. De carácter opuesto al almuerzo de trabajo, la cena es considerada como una reunión más íntima —a menudo con asistencia de los cónyuges— y con un ambiente relajado que no se corresponde con el de una cita estrictamente profesional ya que, si bien se puede tratar de cuestiones laborales, se hará de forma distendida. Puesto que nuestra imagen está en juego, el restaurante elegido ha de ser de excelente calidad, por lo que para la celebración de estos almuerzos o cenas conviene trabajar siempre con unos restaurantes determinados, de cocina especializada y ubicados en un entorno especial. Si nuestros invitados acuden de otra región, debemos ir a buscarles personalmente al hotel, o enviarles un coche de empresa con chófer para que les lleve al restaurante y al finalizar, les recoja y los lleve de vuelta a su hotel.

✓ **Recepción o cóctel**. Ambos tienen en común varios aspectos de la organización de cenas y almuerzos, aunque se diferencian por dos aspectos fundamentales: por un lado, son actos en los que los invitados permanecen de pie, —lo que les otorga un carácter menos formal y más dinámico— y por otro lado su duración, que será aproximadamente de dos horas.

La **recepción** es un cóctel formal ofrecido por una autoridad o personalidad con el fin de reunir a un determinado grupo de invitados. Las invitaciones se enviarán con tres semanas de antelación, indicando el motivo del acto, la fecha el lugar y la hora de comienzo y de finalización estimada, además de especificar si se requiere indumentaria especial. Las viandas consisten en canapés, sándwiches, pastelitos, etc., y las bebidas estarán compuestas por refrescos, zumos y bebidas con bajo contenido en alcohol. El **cóctel** tiene las mismas características que la recepción, sin embargo, éste se celebra en el ámbito empresarial y privado y, además, no se forma línea de recepción ni de despedida. Las invitaciones se envían con quince días de antelación.

4.3.2. Reglas que gobiernan la comida

Felio Vilarrubias resume en su "Tratado de Protocolo" las reglas que gobiernan las comidas:

- En España el horario formal de las distintas comidas es el siguiente:
  - Desayuno: de 07:00 a 10:00 horas.
  - Almuerzo: de 13:00 a 15:00 horas.
  - Cena: de 20:00 a 23:00 horas.
- La derecha es siempre el puesto de honor; el que cede voluntariamente su puesto, pasa a la izquierda.
- Se colocará la tarjeta de puesto de mesa delante del plato y ligeramente a la derecha, excepto en el lugar de los anfitriones o las personalidades que presidan el banquete.
- La comida ha de tener un ritmo adecuado ya que la excesiva tardanza entre plato y plato provoca malestar entre los comensales.
- Cuando por alguna razón no se cumplen las normas de precedencia con un determinado invitado, es aconsejable explicárselo antes de sentarse.
- No puede delegarse en otra persona la invitación personal a una comida.
- En caso de existir dos presidencias, el servicio se iniciará de manera simultánea.
- Los intérpretes que deben estar presentes en almuerzos oficiales o de trabajo han de comer previamente al acto, y se colocarán en una silla algo retirada situada entre las personas a las que vayan a asistir.
- Cuando hay invitados extranjeros, en lo posible, hay que mezclarlos con los nativos y nunca se les debe situar en el extremo de la mesa. En caso de igual rango con un nativo, por cortesía, se concede la preferencia al extranjero.
- Debemos evitar sentar juntas a dos personas que hablen idiomas diferentes; si no hay alternativa, nos cercioraremos de sentar a ambos lados de estas dos personas a invitados que hablen su idioma o bien un tercer idioma que conozcan todos.
- En comidas de trabajo, donde participen mujeres se les ha de dar el puesto que les corresponda, según su cargo o función.
- Las mujeres casadas asumen el rango de sus maridos.

Tipos de mesas: negociación, firma de acuerdos y ornamentación

Al igual que ocurre con las mesas de trabajo o las mesas de negociación y para la firma de acuerdos, también existen diferentes tipos de mesas para almuerzos y cenas de trabajo, por lo que su elección se realizará teniendo en cuenta las características físicas del local, el tipo de almuerzo o cena y el número de comensales invitados. La organización se realizará conforme a la tradición —normas y usos locales— y, al mismo tiempo, adoptando criterios de comodidad y funcionalidad.

Tipos de mesas

✓ **Mesa rectangular**. También llamada mesa imperial, es la más utilizada porque permite una clara definición de las presidencias. Cuando se ubica en ella la presidencia, que da frente al resto de invitados situados en otras mesas, se utiliza solo por un lado. Sin embargo, cuando se trata de una comida de pocos comensales, y por tanto de carácter íntimo, se usa por ambos lados.

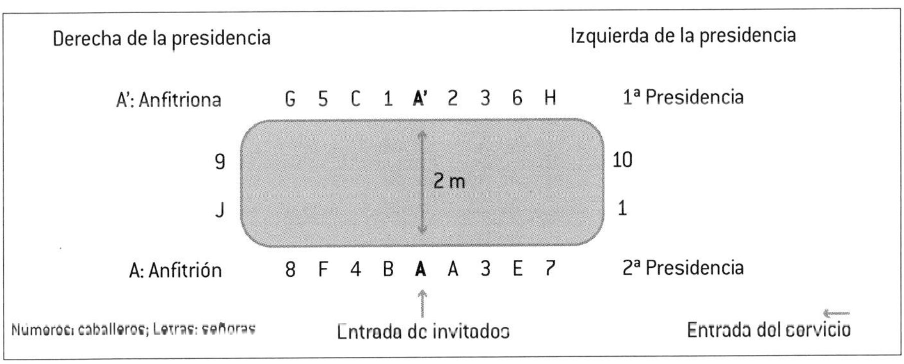

✓ **Mesa ovalada**. Tiene la ventaja de que las puntas quedan disimuladas y pueden colocarse en ellas indistintamente señoras o caballeros. También es de carácter íntimo y, en igualdad de medidas, tiene más cabida que la rectangular.

✓ **Mesa redonda**. Se usa también para comidas íntimas. Los anfitriones deben estar uno frente a otro, sin dar la espalda a la puerta de servicio. Otro tipo de mesa que se utiliza para reuniones de carácter más íntimo son las mesas cuadradas, muy poco utilizadas, excepto en restaurantes.

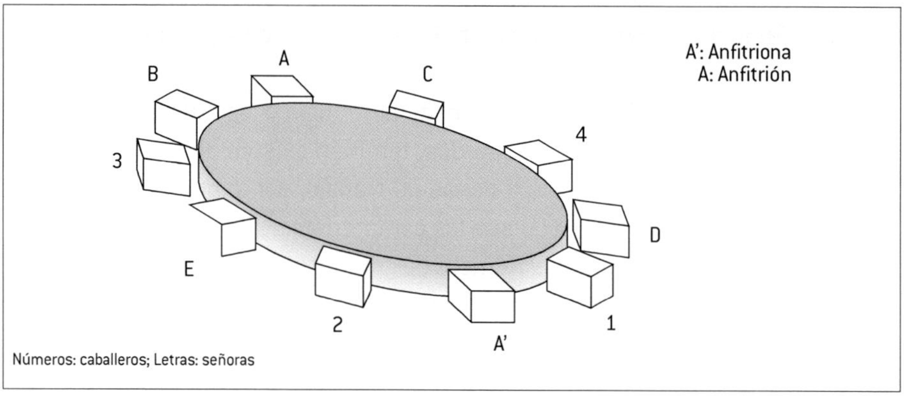

✓ **Mesa en forma de T**. Se utiliza para banquetes oficiales de carácter íntimo, con pocos comensales, permitiendo colocar una presidencia de autoridades y una mesa de invitados. Su variante en forma de E hace posible la colocación de más invitados.

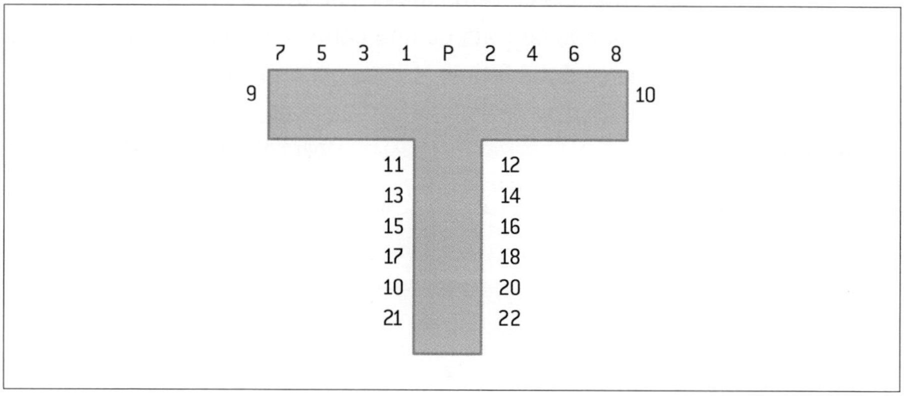

✓ **Mesa en forma de herradura o de u**. Sirve indistintamente tanto para comidas oficiales y no oficiales.

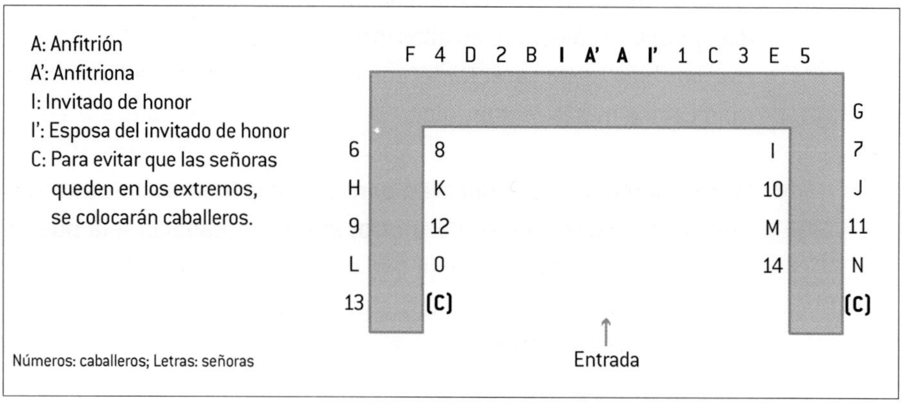

Ornamentación de las mesas

La ornamentación ha de ser elegante, sencilla y funcional. La ornamentación floral estará compuesta por flores naturales de perfume muy suave y su altura no entorpecerá la visión entre los comensales. Si se desea dar mayor empaque a la decoración, esta se enriquece de manera notable añadiendo porcelanas de gran calidad al conjunto.

Las velas (de cera virgen) solo se utilizan para la noche y han de ser encendidas en el momento del acceso de los comensales al salón. La elección de los candelabros debe seguir el mismo criterio que con los centros florales, es decir, no deben entorpecer la visión entre comensales. Nunca se deben tener velas apagadas y menos aún, colocar velas eléctricas.

Respecto a la mantelería, para el día se recomiendan los colores verdes, azules o salmones muy claros; sin embargo, en las cenas los manteles han de ser blancos.

4.3.3. La atención al invitado. Colocación de los asistentes: anfitrión, precedencias, presidencias, autoridades y personalidades

A continuación vamos a conocer las pautas de atención a los invitados y su ubicación que variará en función de la asistencia o no de **autoridades y personalidades** a un evento. Pero, independientemente del evento que se celebre, no debemos olvidar la figura del **anfitrión**, que es la persona que invita, recibe, indica los puestos de la mesa, despide y agradece, etc., por lo que le corresponderá siempre el puesto de honor, dirigir el acto y pronunciar el discurso de clausura.

✓ **Precedencias en mesas de banquetes. Reglas generales**

- Por lo general, debe utilizarse el sistema del «peinado» para intercalar empresarios y **autoridades**, de este modo evitamos la presencia de autoridades por un lado y de empresarios por el otro, lo cual implicaría que el primer empresario estuviese muy separado de la primera autoridad.
- En la mesa, el primer lugar será aquel que se halle frente a la puerta de entrada.
- Cuando en una mesa ocupada por todos sus lados el anfitrión, por su alta categoría, no comparta la presidencia opuesta con

una persona de igual rango, quedará ese puesto vacío, flanqueado por los otros comensales, según el orden alterno establecido de más a menos.

- Los actos corporativos de carácter externo, a los que asisten personas ajenas a la corporación, deben ordenarse de acuerdo al principio de respeto a las reglas de precedencias de la empresa y a las de la organización de asistentes, intercalando al personal de empresa anfitriona con el de otras empresas, homologando los cargos. Sugiere a este respecto López-Nieto en "Honores y protocolo" establecer dos o tres presidencias con distintas mesas: al frente de la primera mesa estaría el presidente de la empresa, seguido de la señora de la primera autoridad. Al frente de la segunda, la señora del presidente, seguida de la primera autoridad. Una tercera mesa permitiría más posibilidades, especialmente si una segunda autoridad fuera mujer o hubiera en la empresa una vicepresidenta que iniciarían las mesas, seguidas respectivamente, de un vicepresidente y de la autoridad a quien corresponda el segundo puesto. De manera análoga, irían colocándose los siguientes invitados.

✓ **Presidencias**. Ya hemos visto que en todo acto existe la necesidad de tener una presidencia que señala el puesto de honor y lo dirige y planifica, por lo que en un banquete también surge la necesidad de tener una presidencia que será ostentada por el anfitrión. En la empresa, la presidencia la ocupará el cargo más alto de la misma, si bien podría cederla a un cargo o persona de rango o cargo inferiores, atendiendo a la naturaleza o a los fines del acto.

Existen dos alternativas de colocación de las presidencias en las mesas:

- **Presidencia a la francesa**. Las presidencias se sitúan en el centro de la mesa y una enfrente a la otra. Su ventaja principal es que FAVORECE LA CONVERSACIÓN IMPORTANTE ya que, al estar las dos presidencias situadas una enfrente de la otra, permiten una agrupación de los invitados de mayor categoría, sentados sucesivamente a derecha e izquierda de las presidencias. De este modo, las personas relevantes están juntas y pueden hablar entre sí y con los anfitriones, por ello es el sistema más usado, sobre todo en España para las comidas oficiales y de trabajo. Cuando se trate de una comida en la que la mesa rectangular se ocupe en todos sus lados, se considera el lugar principal el central, situado frente a la puerta de acceso; este puesto definirá la primera presidencia y el opuesto la segunda. La desventaja de este tipo de presidencia es que, al estar polarizada la conversación importante en la zona central de la mesa, perjudica la conversación en los extremos, además de poner en evidencia a los invitados de menor rango.

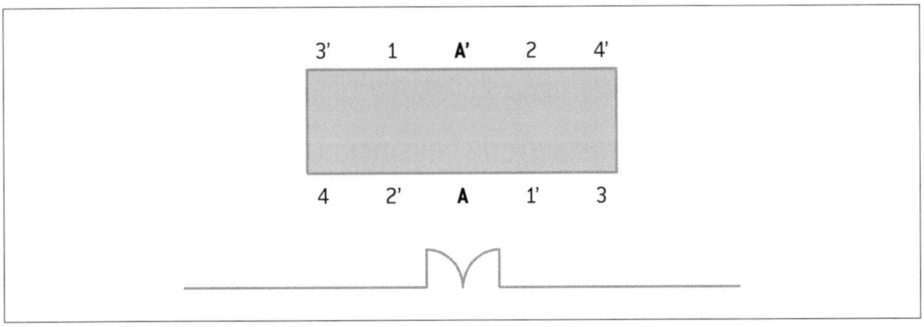

FUENTE: FRANCISCO LÓPEZ-NIETO

- **Presidencia a la inglesa o modo anglosajón**. Las presidencias se sitúan en los extremos o puntos de la mesa. Este sistema tiene la ventaja de que los invitados de menor rango no se encuentran relegados a los extremos o puntas de la mesa, sino que están en el centro de la misma —disimulando así los rangos o categorías—, por lo que la conversación es más uniforme y general. Sin embargo, el mayor inconveniente que presenta es que no es posible la conversación entre las dos presidencias, y más especialmente cuando el anfitrión preside con su invitado de honor. Además los invitados relevantes quedan partidos en dos grupos opuestos, separados entre sí por el grupo de invitados de menor nivel, por lo que su conversación, unitaria y conjunta, no es posible.

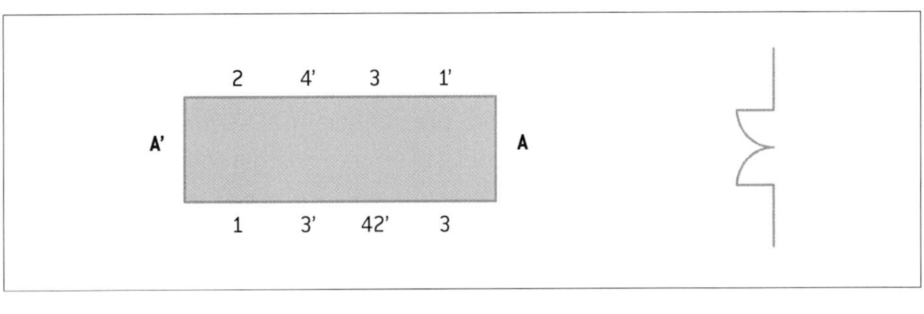

Por otra parte, existen dos sistemas de distribución de comensales en la mesa: el sistema cartesiano y el sistema del reloj.

✓ **Sistema cartesiano**. También llamado «en forma de equis», se utiliza cuando los asistentes son del mismo sexo (no es aconsejable en comidas mixtas porque es casi inevitable que queden dos señoras juntas) o son ubicadas en razón de su cargo. Consiste en colocar los invitados por el siguiente orden: derecha de la primera presidencia, derecha de la segunda presidencia; izquierda de la primera presidencia e izquierda de la segunda presidencia, y así sucesivamente hasta ubicar a la totalidad de los invitados.

SISTEMA CARTESIANO CON PRESIDENCIA A LA FRANCESA

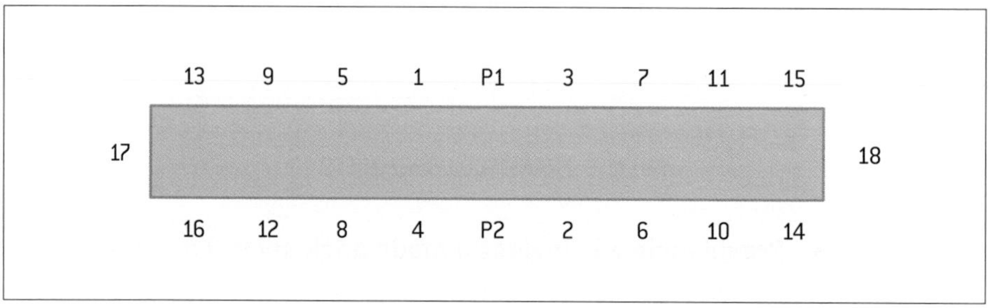

SISTEMA CARTESIANO CON PRESIDENCIA A LA INGLESA

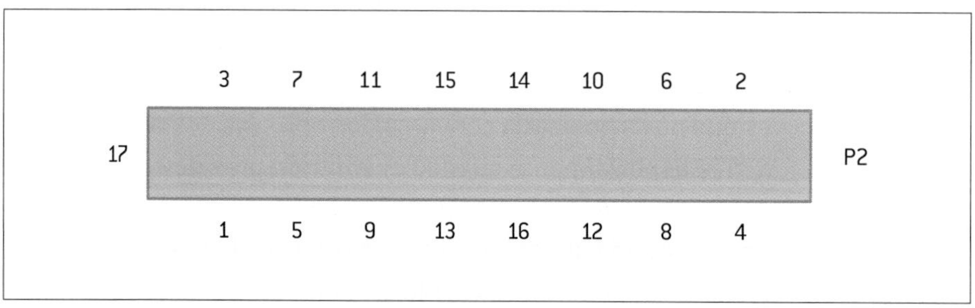

✓ **Sistema del reloj**. Llamado así porque se toma como referencia el movimiento de las agujas del reloj; sirve para hombres, mujeres y también parejas. La colocación iría en el siguiente orden: el primero a la derecha de la primera presidencia y el segundo a la izquierda de la primera presidencia; el tercero a la derecha de la segunda presidencia y el cuarto a la izquierda de la segunda presidencia, siguiendo este criterio de ordenación para el resto de invitados.

SISTEMA DEL RELOJ CON PRESIDENCIA A LA FRANCESA (SOLO HOMBRES O SOLO SEÑORAS)

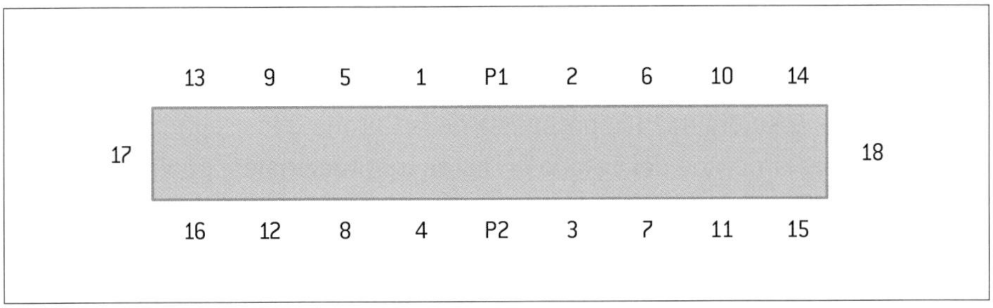

SISTEMA DEL RELOJ CON PRESIDENCIA A LA FRANCESA (CON SEÑORAS)

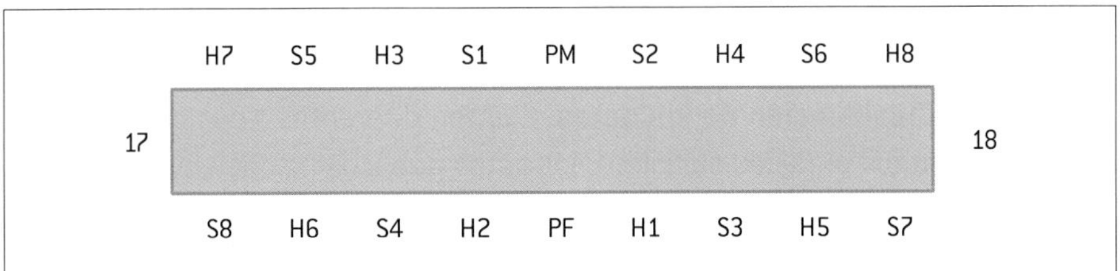

PM: 1ª presidencia masculina PF: 2ª presidencia femenina H: Hombre S: Señora

SISTEMA DEL RELOJ CON PRESIDENCIA A LA INGLESA (SOLO HOMBRES O SOLO SEÑORAS)

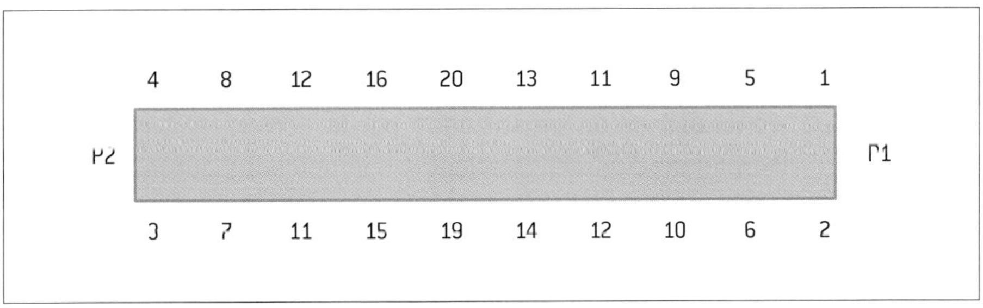

SISTEMA DEL RELOJ CON PRESIDENCIA A LA INGLESA (CON SEÑORAS)

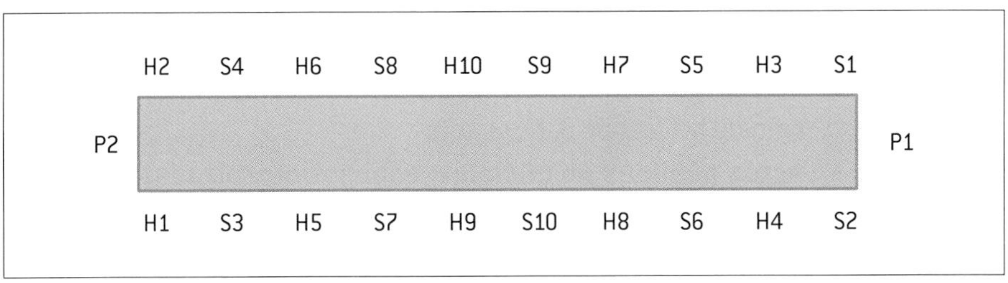

4.4. RD 2099/83: Ordenamiento General de Precedencias en el Estado

En España el Protocolo oficial está regido, fundamentalmente, por el Real Decreto 2099 de 4 de agosto de 1983 por el que se aprueba el Ordenamiento General de Precedencias en el Estado. En este Real Decreto se definen los diferentes tipos de actos y se organiza la presencia de la Corona y los representantes de los distintos estamentos del Estado en actos institucionales, públicos o privados. Pero, además del citado RD, hay otras leyes y decretos importantes para la aplicación en el protocolo oficial, tales como la Constitución Española de 1978, el Real Decreto de 1979 sobre fórmulas de juramento o promesa en el acto de toma de posesión de cargos o funciones, la Ley 39/1981, que regula el uso de la bandera de España y el de otras banderas y enseñas, etc.

4.4.1. Clasificación. Carácter general y especial y presidencia de los actos

✓ **Clasificación de los actos.** Existen diferentes tipos de actos: los actos públicos oficiales y los actos públicos no oficiales y los actos privados (de carácter íntimo) en los que la organización nace de una o varias personas. Cuando se trate de actos públicos, el asistente de dirección deberá siempre consultar con el jefe de protocolo de la autoridad que visite su empresa, poniéndose a su disposición y siguiendo sus directrices.

- **Actos públicos oficiales**: son aquellos organizados por el Estado, comunidades autónomas y administraciones locales y la ordenación protocolaria será la dispuesta en el RD 2099/83. Éstos, a su vez, se clasifican en generales y especiales. Los generales están organizados por la Corona, el Gobierno o la Administración del Estado, las comunidades autónomas o las corporaciones locales. Los de carácter especial se organizan por determinadas instituciones públicas con motivo de acontecimientos propios de su ámbito específico (art. 3 del citado Real Decreto).
- **Actos públicos de Corte**: son los organizados por la Casa de S. M. el Rey en el Palacio Real o en la residencia que lo sustituya en virtud de las funciones propias de la jefatura del Estado. La ordenación protocolaria será efectuada por la jefatura de protocolo de la Casa de S. M. el Rey.
- **Actos públicos no oficiales**: aquellos organizados por entes públicos que no ostentan rango de autoridad ni poseen ofi-

cialidad ejecutiva en sus decisiones (una feria de muestras, por ejemplo). En este caso el protocolo se aplicará en función del rango de los invitados a las ceremonias que puntualmente se celebren, presididas por autoridades en ejercicio, (en el acto citado previamente, la inauguración y la clausura, por ejemplo).

- **Actos privados**: aquellos motivados en función de razones concretas y que están regidos por las normas generales de la vida de relación social. Pueden clasificarse a su vez en tres grupos:
  – De sociedad: cóctel, cenas benéficas.
  – De empresa: inauguraciones, distinciones empresariales.
  – De familia: bodas, cumpleaños, etc.

✓ **Presidencia de los actos**

- Señala el puesto de honor en todo acto siendo el foco que centra la atención de los invitados y de los medios de comunicación social. La persona que preside es quien ejerce la dirección real del acto durante su desarrollo, desde el principio hasta el final. El RD 2099/83 regula las presidencias en los artículos 3 y 4 del primer capítulo.
- La presidencia ha de ser unipersonal, excepto cuando acuda el Jefe de Estado con su esposa: en este caso la presidencia sigue siendo única, aunque físicamente la compongan dos personas. El ejemplo más típico de presidencia *bipersonal* sería aquel en el que SS. MM. los Reyes presiden un acto.
- Se debe procurar que las presidencias sean siempre impares, siendo la más recomendable la compuesta por tres personas. En cualquier caso, se procurará que haya, como máximo, cinco personas.
- SOBRE LA CESIÓN DE LA PRESIDENCIA: como ya se ha dicho anteriormente, los actos serán presididos por el anfitrión de los mismos. Sin embargo, el anfitrión está obligado a ceder la presidencia en casos concretos, ante:
  – La presencia de miembros de la Familia Real, del Presidente del Gobierno.
  – Jefes de Estado o Gobierno extranjeros, el Presidente de la Comunidad Autónoma o el alcalde de la localidad, en razón de la naturaleza del acto.

- En los actos organizados por la empresa el anfitrión será el máximo representante de la misma, es decir, el presidente, el consejero delegado, etc.
- Existen dos tipos de presidencias:
  - **Presidencia de pie**: adecuada para actos de corta duración, por ejemplo, en la recepción a la llegada o despedida de una autoridad en la inauguración de un edificio. En este caso, la ordenación lineal va de mayor a menor rango.
  - **Presidencia sentada**: en lugares cerrados y actos de larga duración. La presidencia, en este caso, es intercalada: las personas se van colocando sucesivamente por orden jerárquico, a la derecha e izquierda de quien preside.

4.4.2. Normas de precedencia

- La precedencia es el lugar que una persona debe ocupar en razón de su cargo o rango, cuando concurre a un acto público.
- Tal y como hemos visto, las precedencias en los actos oficiales están reguladas por el Real Decreto RD 2099/83 de 4 de agosto.
- Corresponde al anfitrión realizar una correcta selección de sus invitados, que se determinarán según la naturaleza del acto y la imagen que se quiera proyectar.
- Se debe tener presente que el lugar de honor es la derecha y también el punto más próximo a la presidencia.
- El invitado preferente ocupará el puesto de la derecha del número 1 y así alternativamente, de derecha a izquierda.
- A la hora de realizar la ordenación de precedencias en un acto, podemos encontrar unidos a dos colectivos: el de personas con rango oficial establecido por norma legal y el de personas de rango social de importancia y establecido por la sociedad. En este caso, aplicaremos el denominado **«peinado»** o lo que es lo mismo, la interpolación de las personas, con su integración en una precedencia única aun procediendo de diferentes colectivos.
- Las mujeres gozan del mismo tratamiento y rango que sus maridos. La dama principal ocupará siempre la derecha del primer puesto. En un vehículo, las señoras ocuparán el asiento más próximo a la puerta derecha y el caballero entrará por la puerta opuesta. El descenso lo efectuará primero el hombre para ir a abrir la puerta de su acompañante.

✓ **Criterios generales para las presidencias y precedencias en un acto empresarial**

- La clave para la correcta ordenación de las personas que asisten a un acto es el respeto a las precedencias, por ello, es necesario que la empresa defina con claridad la jerarquía interna
- La presidencia la ocupará el cargo más alto de la empresa, aunque lo correcto es que el anfitrión ceda la presidencia a la autoridad de mayor rango y pase a ocupar la izquierda de ésta. A partir de aquí se ocuparán los puestos alternándose invitados y otros representantes de la empresa según su orden jerárquico.
- Si asisten autoridades, se aplica el RD 2099/83, pero se aplicará el protocolo mixto, o doble presidencia, de este modo, en la mesa habrá siempre un alto cargo representante de la empresa.
- El anfitrión o un alto cargo de la empresa recibe a los invitados principales a su llegada a la empresa.
- En las primeras filas de invitados las autoridades se ubicarán al lado derecho y el resto de los cargos de la empresa, al lado izquierdo.
- En función de la naturaleza del acto, existe una excepción sobre la cesión de la presidencia a un cargo inferior, por ejemplo, en el homenaje a un antiguo empleado de la empresa.
- Por lo relativo a los actos internos y específicos, no debe existir ninguna duda en la ordenación de personas, puesto que ésta se hará de acuerdo con su posición dentro de la estructura orgánica general de la empresa. Es muy importante establecer un régimen general interno de precedencias.
- En los actos convocados por instituciones de la Comunidad Autónoma o de un ayuntamiento, el presidente de la empresa se equiparará, a efectos de protocolo, con el cargo deDirector Regional, y se colocará a continuación de los Directores adscritos a la Consejería de Economía.
- Cuando una autoridad concurra en su condición de Consejero de la corporación, debe someterse a su ordenamiento interno, y de este modo, ocupará el lugar que le corresponda por esa condición.

- Al recibir y despedir a las autoridades, deben quedar perfectamente definidos los matices entre lo oficial y lo empresarial, por lo que los representantes de la corporación se ubicarán según su orden jerárquico y se establecerán dos filas de salutaciones. Durante el recorrido por las instalaciones o en la composición de la presidencia, el anfitrión se situará a la izquierda de la alta autoridad.
- Hay que destacar que el **patrocinador** debe tener un lugar destacado en los actos públicos programados por la institución responsable de la actividad patrocinada, por lo que las empresas patrocinadoras deberán fijar previamente el ordenamiento que recibirá su representante. El criterio más recomendable es el de ordenarlos por la naturaleza de la entidad patrocinadora, su antigüedad o arraigo en la localidad; sin embargo, el criterio de la aportación económica no es, en absoluto, recomendable.

Siguiendo las pautas de F. Marín Calahorro, respecto a la configuración de las presidencias en los actos con representantes de otras empresas, además de lo señalado en el apartado anterior, tendremos en cuenta, lo siguiente:

- En un acto conjunto entre dos empresas, la presidencia corresponde siempre al máximo representante de la organización anfitriona que podría cederla, a algún directivo, quie, entonces, en ese caso presidirá y recibirá, a efectos protocolarios, el mismo tratamiento que el presidente.
- El resto de asistentes se ubicarán de forma alternada, intercalando cargos de una y otra entidad de acuerdo con su respectivo orden de precedencias.
- Cuando asista un número elevado de representantes de ambas organizaciones se formará una presidencia reducida y a izquierda y derecha de la misma, se establecerán lugares destacados donde se situarán los directivos de cada una de ellas.
- Los miembros del consejo de administración, cuando acudan a un acto corporativamente, ocuparán un lugar preferencial de honor, fuera de la presidencia —excepto en juntas generales de accionistas o similares—; cuando acudan a título personal se ordenarán de acuerdo a las precedencias establecidas en el manual corporativo.

4.5. El regalo en la empresa

4.5.1. Obsequiados y obsequiantes. El DRAE, en la primera de sus acepciones, define el regalo como «dádiva que se hace voluntariamente o por costumbre». Una organización empresarial está formada por un equipo humano del que depende el éxito o el fracaso de la misma; por ello, los directivos —obsequiantes—, hacen entrega de obsequios a sus empleados, clientes, proveedores, visitantes, etc. —los obsequiados— por muy diferentes motivos.

4.5.2. Motivos para la entrega de regalos

- La celebración de alguna fecha especial, como las fiestas de Navidad.
- Cumpleaños.
- Antigüedad de sus empleados en la empresa.
- Jubilaciones.
- Con motivo de visitas externas: autoridades, clientes, visitas de delegaciones de empresas de otros países, etc.
- Campañas: objetos de merchandising que se entregan con el motivo de alguna campaña de marketing.
- Etc.

Consejos generales sobre los regalos

- Los regalos deben ser SIEMPRE de buen gusto.
- Su valor ha de ser moderado y razonable, es decir, nunca demasiado costoso, ya que podría poner en un compromiso al que lo recibe.
- Cuando se trate de un primer encuentro de negocios, NO DEBEMOS entregar ningún regalo, ya que el que lo recibe podría sentirse presionado para cerrar un acuerdo.
- Si se opta por regalar artículos de vestimenta personal tales como corbatas o pañuelos para las señoras, lo que se debe hacer es entregar el regalo dentro de una caja donde irá grabado

nuestro logo. Al respecto, cabe reseñar que debemos poner la misma atención al envoltorio que al regalo en sí; por ello, utilizaremos material corporativo: papel de envolver, cintas, pegatinas con el logo, bolsas de diferentes tamaños, etc.

- Cuando se trata de un invitado de honor, debemos ocuparnos de conocer sus aficiones para regalarle algo a tenor de su gusto: además de resultar un obsequio útil y valorado por esa persona, estaremos demostrando nuestra deferencia hacia ella.
- Respecto a los regalos institucionales que hacemos a delegaciones de otros países es muy importante tener en cuenta sus costumbres; así pues, sería un error regalarle a un árabe o musulmán una botella de vino, porque podrían considerarlo como una ofensa hacia su cultura.
- Cuando nace un niño, las flores son el regalo más utilizado para la madre que acaba de dar a luz, aunque tendremos que averiguar si la madre es alérgica. Las flores, obviamente, deben ser frescas y no deben desprender olor. Asimismo, otro de los regalos alternativos serían bombones o accesorios para el bebé.
- En la celebración de comidas de negocios formales, el obsequio se entregará al final de la comida. Por el contrario, en reuniones más íntimas los obsequios se dejan junto al plato de cada comensal, de manera que lo encuentre al llegar a su sitio en la mesa.
- En los regalos que se entregan con motivo de jubilación es bastante fácil acertar ya que, por lo general, conocemos los gustos de la persona homenajeada; si no fuera así, podríamos averiguarlo fácilmente a través de algún familiar o amigos.
- Cuando entreguemos un obsequio a visitantes que acuden de lejos y no se desplazan en automóvil, tendremos en cuenta el aspecto funcional: por ejemplo, si el invitado ha de coger un avión, no le regalaremos ningún objeto de peso, ni tampoco artículos frágiles, aunque si es inevitable nos encargaremos de hacérselo llegar por mensajería a su domicilio o empresa.
- Por último, es muy importante crear un archivo histórico, que tendremos que cumplimentar cada vez que hagamos entrega de un regalo, con el fin de no repetir en futuras ocasiones. En el apartado Observaciones anotaremos otras ideas, como puede ser «La Sra. X colecciona plumas», o «Al Sr. P. le gustan los libros»; «La Sra. J. es alérgica a las flores», etc.

- Como última observación, es aconsejable disponer de un stock actualizado de los regalos de los que disponemos, para prever que no se nos agoten.

4.6. La etiqueta en hombres y mujeres

La etiqueta hace referencia al grado de formalidad de la vestimenta que se debe llevar a un evento. Debemos distinguir entre la etiqueta protocolaria, que es la requerida en la invitación a un acto formal —una cena de gala o una recepción oficial— y la etiqueta empresarial, o lo que es lo mismo, el «saber vestir», uno de los elementos fundamentales a la hora de causar esa primera impresión que, queramoslo o no, es muy importante, ya que nuestra imagen es un reflejo de nuestra profesionalidad.

En el trabajo, debemos mostrarnos siempre impecables, tanto en las maneras como en la vestimenta, por lo que debemos esmerarnos en los detalles. Por supuesto, es fundamental vestirse de forma apropiada al entorno y a la situación en la que nos encontremos: no es lo mismo vestirse para una reunión de trabajo de alto nivel en las dependencias de una multinacional, que pasar un fin de semana organizado por la empresa en una casa rural. Asimismo, al viajar a otros países, debemos adaptarnos a las costumbres locales.

Si bien es cierto que cada persona tiene su propio estilo, las siguientes pautas nos ayudarán a no cometer errores.

✓ **Etiqueta empresarial para hombres**

- Vestir un traje oscuro, gris o azul, es correcto a cualquier hora del día.
- No se deben utilizar calcetines cortos que dejan ver la pantorrilla al sentarse. Lo correcto es vestir calcetines largos y de color oscuro.
- Si se viste con chaqueta y corbata, las camisas siempre han de ser de manga larga y los puños asomarán por la manga de la chaqueta; las camisas de rayas finas azules son muy adecuadas. Es obvio que están excluidas del buen gusto las camisas de manga corta con traje chaqueta.
- El color de los zapatos debe ir acorde con el traje, así como el cinturón.
- Se deben evitar las corbatas de dibujos o estampados llamativos: siempre es un acierto vestir corbatas lisas o de estampados discretos.

✓ **Etiqueta empresarial para mujeres**

- Los requisitos fundamentales son elegancia, austeridad y discreción.
- Se deben vestir trajes de buena calidad y buen corte: lo más aconsejable son los trajes de pantalón y chaqueta. No es en absoluto elegante vestir faldas apretadas.
- No utilizar colores fuertes, ni en maquillajes, ni en vestimenta; si utilizamos laca de uñas, el esmalte transparente es el más apropiado.
- Los tacones muy altos no son recomendables para acudir al trabajo.
- Si al final de la jornada laboral asistimos a una cena por motivos de trabajo, lo más adecuado es utilizar un vestido cóctel con los accesorios pertinentes y zapatos de tacón.
- Respecto al uso de joyas, deben ser discretas, al igual que la vestimenta. Las perlas son adecuadas para cualquier situación.
- Los bolsos más adecuados para el día son los de tamaño mediano o grande. Sin embargo, para una cena o cóctel de trabajo, se sustituirá por una cartera de mano.

4.7. Ubicación correcta de los símbolos

4.7.1. Banderas. Ordenaciones

La bandera de España

- Su uso está regulado por la Ley 39/1981 de 28 de octubre, que también regula el uso de otras banderas y enseñas.
- El artículo 1 de dicha Ley dice que «la bandera de España simboliza la nación; es signo de la soberanía, independencia, unidad e integridad de la patria y representa los valores superiores expresados en la Constitución».
- La bandera nacional deberá ondear en el exterior y ocupar lugar preferente en el interior, en todos los edificios y establecimientos de la administración.
- La bandera de España, así como el escudo de España, se colocará en los locales de las misiones diplomáticas, oficinas consulares, residencia de sus jefes y, en su caso, en sus medios de transporte.
- La bandera de cada comunidad autónoma se utilizará siempre junto con la bandera de España en todos los edificios públicos en su ámbito.
- La bandera de España ocupará siempre un lugar destacado,

visible y de honor. Si junto a ella se sitúan otras banderas, la de España ocupará lugar preeminente y de máximo honor y las restantes no podrán tener mayor tamaño. Se entiende como lugar preeminente y de máximo honor:

– Cuando el número de banderas que ondee sea impar, la posición central.

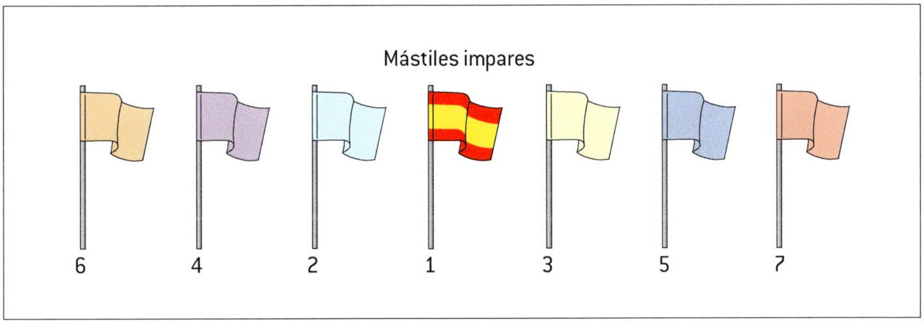

– Cuando el número de banderas es par, de las dos posiciones que ocupan el centro, la de la derecha de la presidencia, si lo hubiere, o la izquierda del observador.

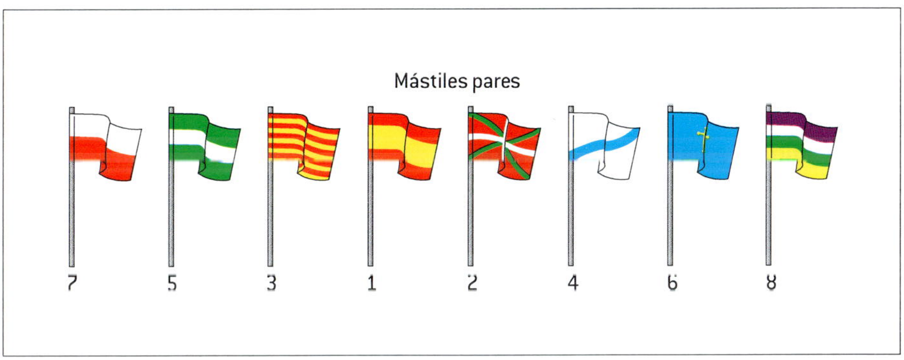

Uso de banderas en la empresa

- Las banderas, logotipos o enseñas de empresa o instituciones de carácter privado se colocarán por separado, a la izquierda del grupo de banderas oficiales. Su forma y tamaño debe ser distinto de las oficiales.
- Siguiendo el criterio anterior, si se trata de un acto oficial que se celebra en la sede de una empresa, las banderas oficiales se colocarán a la derecha de la mesa presidencial (izquierda del observador) y las de la empresa, a la izquierda (derecha del observador).

- En caso de visita de altas autoridades del Estado o de la región, podrán ondear DURANTE ESA JORNADA, las banderas de España y de la comunidad autónoma. Si carecemos de mástiles de exterior, podrán colocarse en el interior, en una de las zonas nobles de la zona de atención al público, en el vestíbulo principal, por ejemplo.

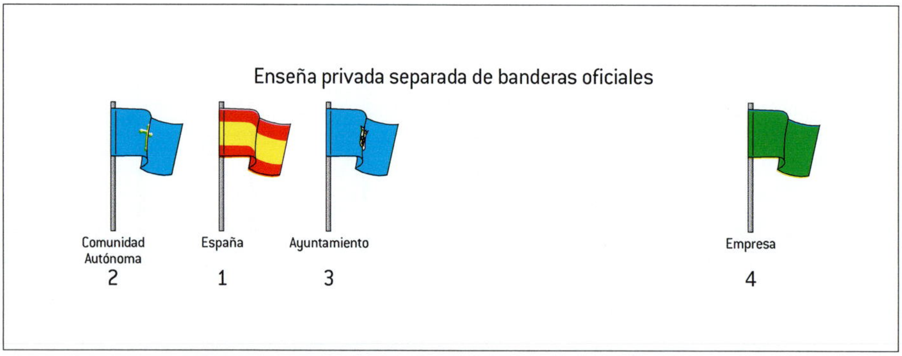

- Solo se colocarán banderas de interior sobre peana en los siguientes despachos de empresa:
  – Presidente.
  – Secretaría General.
  – Salón de reuniones del Consejo de Administración.
  – Directores de delegaciones, si las hubiera.

4.7.2. Himnos, escudos y condecoraciones

El himno nacional

- Conocido también como *Marcha de Granaderos*, refleja nuestra identidad ante el resto de las naciones. Está reconocido en el artículo 18 de las Reales Ordenanzas y el tiempo de duración varía según la autoridad y circunstancia. Los civiles deben escucharlo de pie y descubiertos, en actitud de respetuoso silencio.

Escudos

- Su uso está regulado por el RD 2764/81, en el cual se establecen las normas generales con el fin de asegurar la uniformidad en su uso. Debemos distinguir entre escudo nacional —que representa a la nación española— y el escudo real, representativo del linaje del Rey.

Condecoraciones

- Las condecoraciones son símbolos externos mediante los cuales se reconoce a determinadas personas, servicios destacados prestados a la sociedad.

4.8. La imagen y la empresa

A modo de epílogo, concluiremos este capítulo recordando la importancia que tiene la comunicación externa de una empresa como herramienta de proyección de su imagen.

4.8.1. Estilo, operaciones y campañas

Un manual de estilo es una especie de guía en la que se fijan todas las pautas de conducta en una empresa, lo que contribuye a reforzar la imagen corporativa de la misma. En este manual se define desde el orden de jerarquías en la empresa y la correcta utilización del logo, hasta la redacción de textos, la vestimenta o la conducta a seguir en ocasiones concretas. Por otra parte, algunas de las acciones que se llevan a cabo en una empresa para llegar al público en general son las operaciones y campañas de marketing, publicidad y patrocinio.

4.8.2. La identidad corporativa. Mensajes verbales, simbolismo, el logo, comportamiento, la opinión pública

El DRAE en la segunda de sus acepciones define la identidad como «el conjunto de rasgos propios de un individuo o de una colectividad que los caracterizan frente a los demás»; por ello, cuando hablamos de la **identidad corporativa**, nos referimos a los atributos y valores que proyecta una empresa con el fin de que se la reconozca de manera individual y destacada frente a las demás. De esta manera, cuando una empresa celebra un evento, la proyección de este transmite diferentes mensajes verbales y no verbales a los diferentes públicos que conforman la sociedad y a sus clientes, al tiempo que refuerza el simbolismo —marca y logo— de la identidad corporativa de la empresa. Además, las empresas suelen celebrar cada vez más a menudo diferentes eventos relacionados con la cultura o el deporte, con el fin de proyectar una imagen más humana y por tanto, acercarse más a la opinión pública. En este sentido, en muchas empresas se están implantando acciones de responsabilidad social corporativa, que es un concepto con arreglo al cual «las empresas deciden voluntariamente contribuir al logro de una sociedad mejor y un medio ambiente más limpio».

EJERCICIOS DE AUTOEVALUACIÓN

1. ¿Cuál es el Real Decreto que rige el protocolo oficial en España?
2. ¿Para qué sirve el protocolo en la empresa? Razona brevemente tu respuesta.
3. ¿En qué consiste un "peinado" de mesas?
4. ¿Con qué cargo se equipara el presidente de la empresa en los actos convocados por instituciones de la Comunidad Autónoma?
5. ¿En qué posición se colocará la bandera de España cuando el número de banderas que ondee sea impar?
6. ¿Cuál es una de las reglas básicas de la urbanidad?
7. Enumera tres tipos diferentes de agasajos en los negocios.
8. ¿En qué se diferencia un cóctel de una recepción?
9. ¿Qué tipo de presidencia es la que favorece la conversación importante? ¿Cuál es el principal inconveniente de este tipo de presidencia?
10. ¿Qué debemos tener en cuenta al hacer un regalo a una visita que provenga del extranjero?

INDICA SI LAS SIGUIENTES AFIRMACIONES SON VERDADERAS O FALSAS

1. Las banderas de empresa han de mezclarse con las oficiales.
2. La ordenación protocolaria de un acto público oficial se rige por el Real Decreto 2099/83.
3. La presidencia señala el puesto de honor en cualquier acto.
4. Cuando el jefe esté reunido, le pasaremos continuamente llamadas del exterior.
5. Cuando nos presentan a una persona que no conocemos, lo correcto es comenzar tuteándola.
6. Una recepción es un cóctel informal que se celebra en el ámbito privado.
7. La ornamentación floral de una mesa de banquete ha de ser sobria, elegante y no debe desprender olor alguno.
8. La clave para la correcta ordenación de las personas que acuden a un banquete es el respeto a las precedencias.
9. En un primer encuentro empresarial debemos entregar un regalo muy costoso.
10. La elegancia en el vestir es una regla básica tanto para el hombre como para la mujer.

RESPUESTAS A LOS EJERCICIOS DE AUTOEVALUACIÓN

TEMA 1: ORGANIZACIÓN DE REUNIONES

1- Respuesta sugerida:
   a. Asegurarnos de que su celebración es indispensable.
   b. Tener claro el objetivo a la hora de convocar la reunión.
   c. Dar a conocer el orden del día y la duración de la reunión a los participantes.
   d. Hacer una correcta elección de fecha y lugar de celebración apropiados.
   e. Recordar los objetivos, el orden del día y el horario previsto, al comienzo de la reunión.

2- La reunión que se celebra con el fin de atajar rumores o informaciones falsas surgidas en torno a la organización.

3- Sí, es igual de importante preparar correctamente una reunión de videoconferencia, pues se trata de una reunión como otra cualquiera. Lo único que varía es el canal por el que fluye.

4- Por dos motivos: en primer lugar, porque el margen de error respecto al número de asistentes es prácticamente nulo y, en segundo lugar, porque la mayoría de las empresas cuentan con una partida presupuestaria anual dedicada a la celebración de todo tipo de eventos.

5- La mesa ovalada o redonda.

6- Respuesta sugerida:
   a. Identificar los objetivos y los temas que se van a tratar.
   b. Elegir los participantes.
   c. Definir el contenido del orden del día y la convocatoria de los asistentes.

7- No, la presencia de un experto no siempre es necesaria, ya que dependerá del alcance de la reunión.

8- Las tareas principales son:
   a. Preparar la sala.
   b. Comprobar que todo esté listo.
   c. Atender a los asistentes.

9- Un acta sirve, por un lado, para ayudar al seguimiento posterior de los acuerdos adoptados en una reunión y por otro, sirve de guía de preparación para la siguiente reunión.

10- Los pasos para dar por finalizada una reunión son los siguientes:
   a. Cumplimentar un cuestionario de evaluación.
   b. Redactar el acta y enviarlo a los interesados.
   c. Elaborar un informe final.
   d. Elaborar un informe económico.
   e. Seguir los acuerdos alcanzados.
   f. Archivar el dossier completo de la reunión

SOLUCIONES AL EJERCICIO DE VERDADERO/FALSO

1- Falso
2- Falso
3- Verdadero
4- Falso
5- Verdadero
6- Verdadero
7- Falso
8- Verdadero
9- Verdadero
10- Falso

TEMA 2: LA NEGOCIACIÓN

1- Respuesta sugerida:
   a. Tener claros los objetivos que queremos alcanzar.
   b. Preparación exhaustiva.
   c. Rigurosidad.
2- Entre las ventajas, podemos citar que nos ofrece más seguridad el hecho de "jugar en casa", tendremos a mano la información necesaria y podremos consultar alguna duda o sugerencia con algún experto de nuestra empresa.
3- Por lo general se colocarán en cada puesto bloc de notas, bolígrafos, clips, etc.
4- Los pasos que se siguen en la preparación de una negociación son las siguientes:
   a. Preparación.
   b. Obtención de información.
   c. Diagnóstico de la situación.
   d. Valoración del poder de negociación.
   e. Fijación de objetivos.
   f. Planeamiento de la estrategia.
5- Los recursos psicológicos son los siguientes:
   a. Asertividad.
   b. Autoconocimiento.
   c. Autoestima.
   d. Pequeñas cesiones.
   e. Buenas maneras.
6- Existen diferentes tipos de negociación:
   a. Interpersonal.
   b. Empresarial.
   c. Política.
7- Para una negociación de tres delegaciones se recomienda una mesa en forma de herradura, que estará presidida por la delegación anfitriona en el centro exterior de dicha herradura.
8- Las notas recogerán, entre otros, los siguientes aspectos:
   a. Los puntos en los que hay coincidencia de opiniones y aquellos en los que las posiciones están más alejadas.
   b. La reacción de la otra parte ante nuestros planteamientos.
   c. Aspectos que parecen más relevantes para la otra parte, etc.
9- La pausa más apropiada para el almuerzo tiene una duración entre una hora y una hora y media.
10- Los datos básicos que debe contener un contrato son:
   a. Nombre, apellidos y cargo de los participantes, así como nombre de empresa o entidad a la que representan.
   b. Acuerdos adoptados.
   c. Lugar y fechas de entrega.
   d. Formas de pago, plazos y entidades financieras.
   e. Duración del contrato y cláusulas de renovación automática.
   f. Garantías, avales y tipos de penalización por incumplimiento.
   g. Firmas y fecha.

SOLUCIONES AL EJERCICIO DE VERDADERO/FALSO

1- Verdadero
2- Falso
3- Falso
4- Falso
5- Verdadero
6- Verdadero
7- Falso
8- Falso
9- Verdadero
10- Falso

TEMA 3: ORGANIZACIÓN DE EVENTOS

1- Especiales, específicos y sociales.

2- Se distinguen varios tipos de visitas guiadas:
   a. En una multinacional, por ejemplo, las que realizan los altos ejecutivos de delegaciones extranjeras.
   b. Las que realizan los diferentes miembros de otras empresas del sector o instituciones.
   c. Visitas de clientes y/o proveedores.
   d. Visitas de público general, las llamadas "jornadas de puertas abiertas".

3- Una inauguración es un acto simbólico mediante el cual comienza la andadura oficial de una empresa, institución o edificio relevante –un colegio, por ejemplo, tras la finalización de la obra.

4- La entrega de distinciones empresariales; consiste en un acto solemne en el que se entrega una distinción para premiar la labor de las personas que trabajan en una empresa o que hayan sobresalido en el ejercicio de actividades relacionadas con la misma.

5- Se distinguen dos tipos de clientes: por un lado las autoridades y directivos de instituciones o empresas que directa o indirectamente tengan relaciones con otras que concurran a la feria y, por otro lado, el público en general.

6- Las dos formas de pago más habituales son el pago al contado y el pago aplazado a crédito. El pago al contado tiene lugar inmediatamente en el momento de la entrega de la cosa y en el pago aplazado, la obligación se cumple en el plazo preestablecido por las partes contratantes, una vez entregada la mercancía.

7- La carta de crédito es un sistema de pago mediante el cual un banco actúa por instrucciones de su cliente, pagando a un vendedor una determinada suma de dinero, siempre y cuando se cumplan ciertos requisitos estipulados previamente.

8- Una transferencia es la orden que un cliente da a su entidad bancaria para que traslade una cantidad determinada de los fondos de su cuenta a otra cuenta de la misma u otra entidad.

9- Un arqueo de caja consiste en el recuento del dinero en efectivo y de los documentos que forman parte del saldo de una cuenta.

10- Libro auxiliar de caja, el arqueo de caja, el libro auxiliar de bancos y la conciliación bancaria.

SOLUCIONES AL EJERCICIO DE VERDADERO/FALSO

1- Verdadero
2- Falso
3- Falso
4- Verdadero
5- Verdadero
6- Falso
7- Verdadero
8- Verdadero
9- Falso
10- Verdadero

TEMA 4: EL PROTOCOLO EMPRESARIAL

1- El Real Decreto 2099/83, de 4 de Agosto de 1983.

2- El protocolo en la empresa es una potente herramienta de trabajo que sirve para aplicar las pautas de actuación necesarias a la hora de organizar un evento, tales cómo saber diferenciar los tipos de actos en la empresa, tener claras las precedencias y las presidencias, conocer las pautas que se deben seguir en los públicos mixtos, etc.

3- El "peinado" de mesas consiste en la intercalación de todos los invitados a un acto en una lista única, aun procediendo de diferentes colectivos.

4- A efectos de protocolo, el presidente de la empresa se equipara con el cargo de Director Regional y se colocará a continuación de los Directores adscritos a la Consejería de Economía.

5- La Bandera de España se colocará en el centro cuando el número de banderas sea impar.

6- La puntualidad.
7- Tres diferentes tipos de agasajo en los negocios serían, por ejemplo, el desayuno y almuerzo de trabajo y el coffee break.
8- Se diferencian en que la recepción es un cóctel formal ofrecido por una autoridad o personalidad, mientras que el cóctel se celebra en el ámbito empresarial y privado y, además, en éste no se forma línea de recepción ni de despedida.
9- La presidencia francesa. El principal inconveniente de este tipo de presidencia es que la conversación importante en la zona central de la mesa perjudica la conversación en los extremos y, además, pone en evidencia a los invitados de menor rango.
10- Sobre todo, debemos tener en cuenta sus costumbres y cultura con el fin de no equivocarnos en la elección del regalo.

SOLUCIONES AL EJERCICIO DE VERDADERO/FALSO

1- Falso
2- Verdadero
3- Verdadero
4- Falso
5- Falso
6- Falso
7- Verdadero
8- Verdadero
9- Falso
10- Verdadero

BIBLIOGRAFÍA

- ***GUÍA PARA LA SECRETARIA EJECUTIVA, LONDOÑO***, Mª Claudia. Fundación Confemetal, Madrid, 2000
- ***ASSISTANT EXECUTIVE***, Ed. Cultural, 1998.
- ***CÓMO CONSEGUIR LA MEJOR REUNIÓN Y OPTIMIZAR SUS RESULTADOS***, LÓPEZ-FRESNO, Palmira y GRANDES CARCI, Mercedes. AENOR Ediciones, 2010.
- ***TÉCNICAS DE REUNIONES PARA DIRECTIVOS***, OLIVER, Coral y AGULLO, Tomás. IBEREDICIONES S.L., 1993
- ***GESTIÓN DE REUNIONES***, ELVIRA, Oscar. Ed. Gestión 2000, 1999.
- ***TRATADO DE PROTOCOLO DEL ESTADO E INTERNACIONAL***, VILARRUBIAS, Felio. Ed. Nobel, Oviedo, 2011.
- ***HONORES Y PROTOCOLO -PARTE ESPECIAL-***, LÓPEZ-NIETO, Francisco. Ed. El Consultor de los Ayuntamientos y de los Juzgados, Madrid, 2006.
- ***EL PROTOCOLO EN LOS NEGOCIOS***, de URBINA, José Antonio. Ed. Temas de Hoy, 2000.
- ***FUNDAMENTOS DEL PROTOCOLO EN LA COMUNICACIÓN INSTITUCIONAL,*** MARÍN CALAHORRO, F. Ed. Síntesis, Madrid, 1997

Webs consultadas:

www.karras.es
www.opcspain.org
www.rae.es
www.definicionabc.com
www.e-conomic.es
www.observatoriorsc.org